DRUGSTORE
TINS
& THEIR PRICES
AL BERGEVIN

Wallace-Homestead Book Company
Radnor, Pennsylvania

To

my grandson,
Jon Phillip Bergevin;
I hope he enjoys collecting
when he is older.

Cover design: Anthony Jacobson
Interior design: Anthony Jacobson
Photography: A. J. Bergevin

Manufactured in the United States of America

Library of Congress Cataloging in Publication Data
Bergevin, Al.
    Drugstore tins and their prices/Al Bergevin.
        p.   cm.
    ISBN 0-87069-568-1 (pbk.)
    1. Tin containers—Collectors and collecting—Catalogs.
    I. Title.
    NK8425.B45   1990
    741.6′7′0973075—dc20   90-70545
                                                    CIP

1 2 3 4 5 6 7 8 9 0   9 8 7 6 5 4 3 2 1 0

Contents

Acknowledgments

I would like to express my appreciation to all those who contributed to the completion of this book and have requested to remain anonymous. Without your encouragement, support and assistance, this book would not have been possible. A special thanks to Dorothy Moir of Hamel, Mn. for her assistance.

Introduction

Tin containers that once held products for our parent's and grandparent's everyday use have, in our own day, become a valued investment. Antique advertising is increasingly seen in homes, offices, restaurants and specialty shops. The growing popularity of collecting tins has created a great demand. Collectors, designers, and decorators alike value tins in excellent condition and prices continue to rise dramatically.

The most important factor to consider when investing in a tin is its condition (see the "Guide to Grading" below). Condition is followed in importance by rarity and age. The buyer should examine the condition of the tin before making a purchase. After purchasing a tin, collectors may wish to have it restored or touched up, but unless you are an expert at restoration, do not attempt to touch up a tin yourself. Never use lacquer on a tin—it will discolor the tin and eventually crack. From the standpoint of an antiques dealer, tins should be cleaned but not touched up before they are sold. When cleaning a tin, do not use hot or even warm water as this will probably destroy the color. I have achieved the best and safest results with cool water, a soft rag, and a bar of mild soap such as Ivory. For paper label items, use an artist eraser bag, which can be found at any art supply store.

Because of the enormous variety of antique advertising, this book represents only those tins that contained drugstore products. Prices may vary in different areas of the country and from dealer to dealer. It is important to remember that this is a price *guide*, not a price list.

The serious collector would be wise to join the TCCA (Tin Container Collectors Association), 11970 Borden Avenue, San Fernando, CA 91340. You can write to them for an application form or pick one up from any member at an antiques or advertising show.

I hope this book helps you in your continuing search for one of America's most interesting art forms—tin containers.

Guide to Grading

Mint: Brand-new condition
Near-Mint: Only slight signs of use
Excellent: Minor blemish, no rust
Good: Minor scratching and fading, minor stains
Fair: Scratches, some fading, some rust spots, minor dents

All prices in this book are for items in near-mint condition, regardless of the condition of the example pictured. For easy reference, all of the tins in this book appear for the most part alphabetically within their category.

Cosmetics

Allen's Royal Face Powder. Flat square,
lithograph. $1\frac{1}{2}'' \times 3'' \times 3''$. **$30**

Alpern Nail Creme. Round flat, lithograph. $\frac{1}{4}'' \times \frac{3}{4}''$. **$4**

C.D. Hess' Clown White Make-up. Flat round, lithograph. $1'' \times 2\frac{3}{8}''$. **$10**

Armand Blended Cream. Round flat, lithograph. $\frac{1}{4}'' \times 1\frac{1}{2}''$. **$5**

Heather Rouge. Round flat, lithograph. $\frac{1}{4}''$ $\times$ $1\frac{5}{8}''$. **$5**

Hygienic Complexion Powder. Flat square, lithograph. $1\frac{5}{8}'' \times 3\frac{1}{8}'' \times 3\frac{1}{8}''$. **$10**

I.D.L. Cold Cream. Round flat, lithograph. $1\frac{1}{4}'' \times 4''$. **$20**

La Tosca Complexion Cream. Round flat, lithograph. $1\frac{1}{4}'' \times 4\frac{1}{4}''$. **$20**

Jaciel Poudre. Round flat, lithograph. $\frac{1}{4}'' \times 2''$. **$5**

Luxor Complexion Powder. Square flat, lithograph. $\frac{3}{8}'' \times 1\frac{3}{4}'' \times 1\frac{3}{4}''$. **$12**

Lyon's Cold Cream. Round flat, lithograph. $3\frac{1}{8}'' \times 4\frac{3}{8}''$. **$12**

Max Factor's Clown White. Round flat, lithograph. $\frac{3}{4}'' \times 2''$. **$8**

Nail White Northeastern. Round flat, lithograph. $\frac{1}{4}'' \times \frac{3}{4}''$. **$4**

Miner's Face Powder. Round flat, lithograph. $1\frac{5}{8}'' \times 4\frac{1}{4}''$. **$10**

Nail White. Round flat, lithograph. $\frac{1}{4}'' \times \frac{3}{4}''$. **$4**

Nylotis Face Powder. Round flat, lithograph. $1\frac{3}{4}'' \times 3''$. **$15**

Owl's Cold Cream. Round, lithograph. 3″ × 4¼″. **$25**

Rexall Theatrical Cold Cream. Round, lithograph. 3″ × 4¼″. **$15**

Regent Theatrical Cold Cream. Round flat, lithograph. 2¾″ × 4⅜″. **$10**

Royal Cosmetic. Flat round, lithograph. $\frac{3}{4}'' \times 1\frac{5}{8}''$. **$25**

Stanick's Theatrical Blending Powder. Round flat, lithograph. $1\frac{7}{8}'' \times 4\frac{1}{8}''$. **$15**

Southern Girl Rouge. Round flat, lithograph. $\frac{1}{2}'' \times 1\frac{1}{2}''$. **$5**

Stein's Clown White. Flat round, lithograph. $1\frac{1}{4}'' \times 1\frac{1}{2}''$. **$12**

Stein's Face Powder. Round flat, lithograph. $1\frac{3}{4}'' \times 4\frac{5}{8}''$. **$10**

Stein's Eighteen Rouge. Round flat, lithograph. $\frac{5}{8}'' \times 2\frac{1}{2}''$. **$4**

Tangee Night Cream. Round flat, lithograph. $\frac{1}{4}'' \times 1\frac{5}{8}''$. **$6**

Stein's Mexicola Rouge. Round flat, cardboard. $\frac{5}{8}'' \times 2\frac{1}{2}''$. **$4**

Theatrical Cold Cream. Round flat, lithograph. $1\frac{1}{2}'' \times 4\frac{3}{8}''$. **$20**

Toketa Face Powder. Flat square, lithograph. $1\frac{1}{2}'' \times 3'' \times 3''$. **$12**

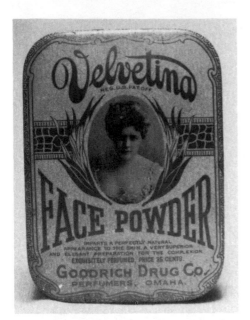

Warnesson's Theatre Rouge. Round flat, lithograph. $\frac{7}{8}'' \times 2\frac{3}{4}''$. **$12**

Velvetina Face Powder. Flat rectangular, lithograph. $1\frac{1}{2}'' \times 2\frac{1}{2}'' \times 3\frac{1}{2}''$. **$15**

Cough Drop Tins

Anthracite Cough Drops. Flat rectangular, lithograph. $4\frac{1}{8}'' \times 8\frac{1}{2}'' \times 5\frac{1}{2}''$. **$200**

B.H. Douglass & Sons'. Vertical rectangular, concave, lithograph. $7'' \times 6'' \times 4''$. **$60**

C.W. & Co. Cough Drops. Vertical square, lithograph. $6\frac{3}{4}'' \times 5\frac{1}{8}'' \times 5\frac{1}{8}''$. **$65**

Diehl's Cough Drops. Round pail, lithograph. $6\frac{1}{2}'' \times 6''$. **$35**

Black Cough Drops. Vertical square, lithograph. $7\frac{1}{2}'' \times 5\frac{1}{4}'' \times 5\frac{1}{4}''$. **$60**

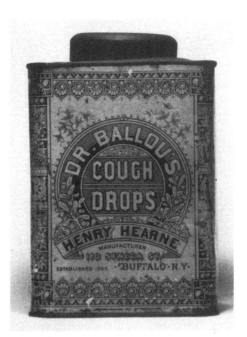

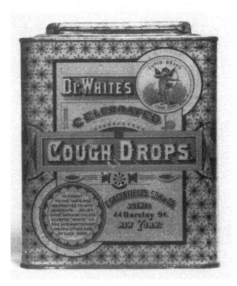

Dr. White's Cough Drops. Vertical rectangular, lithograph. $7\frac{1}{2}'' \times 6'' \times 4''$. **$60**

Dr. Ballou's Cough Drops. Vertical square, lithograph. $7\frac{3}{4}'' \times 5\frac{1}{8}'' \times 5\frac{1}{8}''$. **$60**

Dr. White's Cough Drops. Flat rectangular, lithograph. $\frac{3}{4}'' \times 3\frac{1}{2}'' \times 2\frac{1}{4}''$. **$250**

Dyers Cough Drops. Flat rectangular, lithograph. $4\frac{1}{8}'' \times 8\frac{1}{2}'' \times 5\frac{1}{2}''$. **$200**

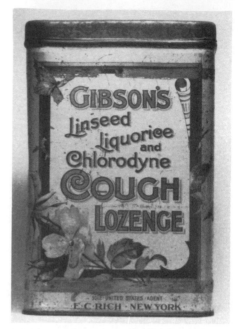

Gibson's Cough Lozenge. Vertical square, lithograph. $8\frac{3}{4}'' \times 5\frac{3}{4}'' \times 5\frac{3}{4}''$. **$60**

Excelsior Throat Lozenges. Flat rectangular, lithograph. $\frac{1}{2}'' \times 3\frac{1}{4}'' \times 2\frac{1}{4}''$. **$50**

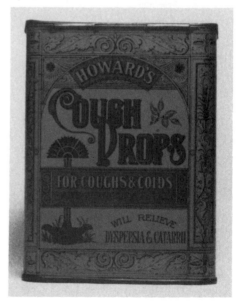

Howard's Cough Drops. Vertical square, lithograph. $6\frac{3}{4}'' \times 5\frac{1}{8}'' \times 5\frac{1}{8}''$. **$175**

14

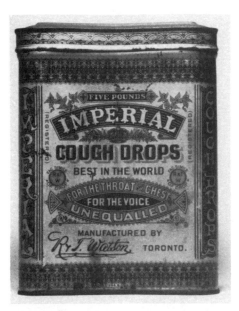

Lafean's Cough Drops. Round pail, lithograph. 7″ × 6″. **$120**

Imperial Cough Drops. Vertical rectangular, concave, lithograph. 8″ × 6″ × 4″. **$55**

Lakerol Pastilles. Square flat, lithograph. $\frac{3}{4}$″ × $2\frac{1}{4}$″ × $2\frac{1}{4}$″. **$5**

K Cough Drops. Vertical square, lithograph. $2\frac{1}{2}$″ × $2\frac{1}{2}$″ × $2\frac{1}{4}$″. **$20**

Ma-Le-Na Cough Drops. Flat rectangular, lithograph. $\frac{3}{8}'' \times 2\frac{5}{8}'' \times 2\frac{1}{8}''$. **$25**

Mellor & Rittenhouse Lozenges. Vertical square, lithograph. $7'' \times 5\frac{1}{8}'' \times 5\frac{1}{8}''$. **$100**

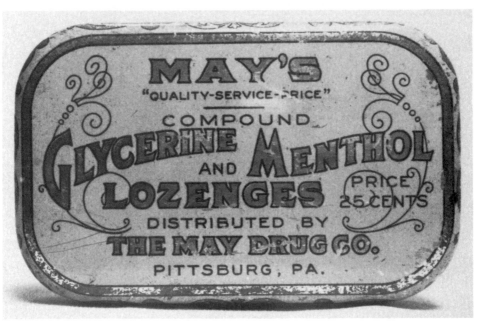

May's Lozenges. Flat rectangular, lithograph. $\frac{3}{4}'' \times 4'' \times 2''$. **$15**

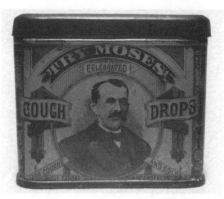

Moses Cough Drops. Vertical rectangular, lithograph. $2\frac{1}{2}'' \times 1\frac{3}{4}'' \times 1\frac{1}{4}''$. **$100**

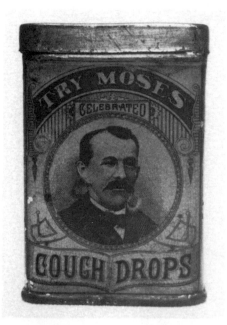

Moses Cough Drops. Vertical rectangular, lithograph. $2\frac{1}{2}'' \times 2\frac{7}{8}'' \times 1\frac{5}{8}''$. **$50**

Mountain City Cough Drops. Vertical square, lithograph. $7\frac{3}{4}'' \times 5\frac{1}{8}'' \times 5\frac{1}{8}''$. **$300**

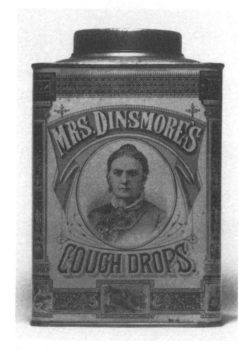

Mrs. Dinsmore's. Vertical square, lithograph. $7\frac{3}{4}'' \times 5\frac{1}{8}'' \times 5\frac{1}{8}''$. **$250**

N.L. Co. Lozenges. Vertical rectangular, lithograph. $7\frac{3}{4}'' \times 6'' \times 3\frac{3}{4}''$. **$60**

P.C.W. Cough Drops. Vertical square, lithograph. $7\frac{3}{4}'' \times 5\frac{1}{8}'' \times 5\frac{1}{8}''$. **$35**

P.C.W. Cough Drops. Vertical square, lithograph. $2\frac{3}{8}'' \times 1\frac{7}{8}'' \times 1\frac{7}{8}''$. **$30**

Popular Cough Drops. Vertical rectangular, lithograph. $3'' \times 2\frac{1}{4}'' \times 1\frac{3}{4}''$. **$18**

Pettits & Smith's. Flat rectangular, lithograph. $4\frac{1}{8}'' \times 8\frac{1}{2}'' \times 5\frac{1}{2}''$. **$85**

Slippery Elm Lozenges. Vertical rectangular, lithograph. $7\frac{1}{2}'' \times 7'' \times 4\frac{1}{2}''$. **$65**

Standard Licorice Lozenges. Vertical square, lithograph. $7\frac{1}{2}'' \times 5\frac{1}{8}'' \times 5\frac{1}{8}''$. **$160**

Superior Cough Drops. Rectangular square, lithograph. $2\frac{1}{2}'' \times 2\frac{1}{2}'' \times 2\frac{1}{4}''$. **$50**

Standard Licorice Lozenges. Vertical square, lithograph. $7\frac{1}{2}'' \times 5\frac{1}{8}'' \times 5\frac{1}{8}''$. **$250**

Wm. R. Warner & Co. Lozenges. Vertical rectangular, lithograph. $6\frac{3}{4}'' \times 6'' \times 4''$. **$80**

Star Cough Drops. Vertical rectangular, concave, lithograph. $7\frac{1}{4}'' \times 6'' \times 4''$. **$125**

Williams' Russian. Flat rectangular, lithograph. $4\frac{1}{8}'' \times 8\frac{1}{2}'' \times 5\frac{1}{2}''$. **$100**

Young & Smylie. Vertical rectangular, concave, lithograph. $7\frac{1}{4}'' \times 6'' \times 4''$. **$75**

Dental Hygiene

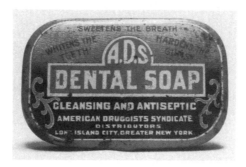

A.D.S. Dental Soap. Flat rectangular, lithograph. $\frac{3}{4}'' \times 3\frac{1}{4}'' \times 2\frac{1}{8}''$. **$15**

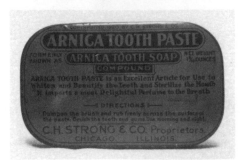

Arnica Tooth Paste. Flat rectangular, lithograph. $\frac{5}{8}'' \times 3\frac{1}{4}'' \times 2''$. **$15**

Aromatic Tooth Soap. Flat rectangular, lithograph. $\frac{5}{8}'' \times 3\frac{1}{4}'' \times 2\frac{1}{8}''$. **$50**

Benzotol Tooth Powder. Vertical round, lithograph. $4'' \times 1\frac{3}{4}''$. **$10**

Brunswick Dental Floss. Vertical round, lithograph. $1\frac{5}{8}'' \times 1\frac{1}{8}''$. **$10**

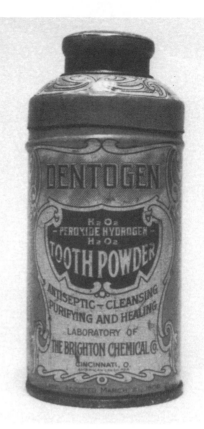

Cheney's Tooth Powder. Vertical round, lithograph. $4\frac{1}{4}'' \times 2\frac{1}{8}''$. **$30**

Dentogen Tooth Powder. Vertical round, lithograph. $3\frac{3}{4}'' \times 1\frac{3}{4}''$. **$10**

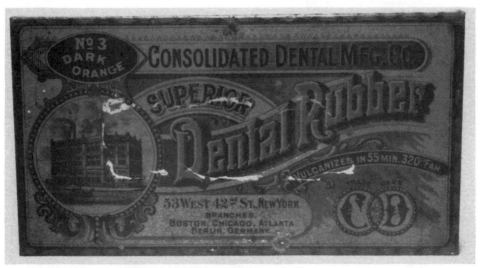

Consolidated Dental Rubber. Flat rectangular, lithograph. $\frac{7}{8}'' \times 5\frac{7}{8}'' \times 3\frac{1}{4}''$. **$25**

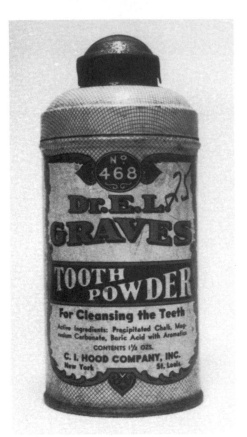

Dr. E.L. Graves. Vertical round, lithograph. $3\frac{3}{4}'' \times 1\frac{3}{4}''$. **$12**

Dr. V.C. Bell's Tooth Powder. Vertical round, lithograph. $4'' \times 1\frac{3}{4}''$. **$20**

Dr. I.W. Lyon's Tooth Tablets. Flat oval, lithograph. $\frac{3}{4}'' \times 3\frac{1}{2}'' \times 2''$. **$20**

Firstaid Dental Floss. Round flat, lithograph. $\frac{1}{8}'' \times 1\frac{1}{4}''$. **$10**

Dr. Wernet's Denture Powder. Vertical oval, lithograph. $3'' \times 1\frac{1}{2}''$. **$8**

Eugene Doherty Dental Rubbers. Flat rectangular, lithograph. $1\frac{1}{2}'' \times 5\frac{7}{8}'' \times 3\frac{1}{4}''$. **$25**

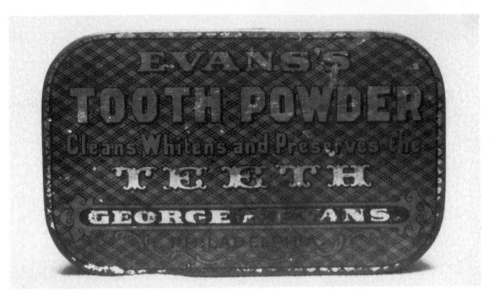

Evan's Tooth Powder. Flat rectangular, lithograph. $1'' \times 3'' \times 1\frac{3}{4}''$. **$12**

Grand Duchess Tooth Powder. Vertical round, lithograph. $4'' \times 1\frac{3}{4}''$. **$35**

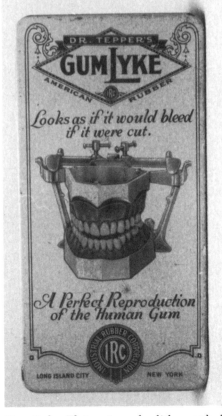

Gum Lyke. Flat rectangular lithograph. $\frac{1}{2}''$ $\times 3'' \times 6''$. **$20**

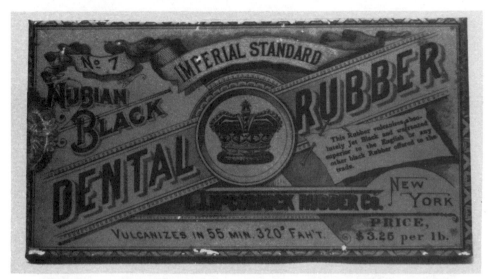

Imperial Standard. Flat rectangular, lithograph. $\frac{3}{4}'' \times 5\frac{7}{8}'' \times 3\frac{1}{4}''$. **$25**

Kleinert Dental Rubber. Flat rectangular, lithograph. $\frac{3}{4}'' \times 5\frac{7}{8}'' \times 3\frac{1}{4}''$. **$25**

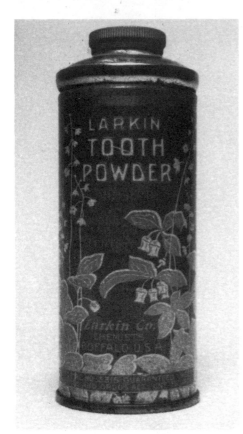

Larkin Tooth Powder. Vertical round, lithograph. $4\frac{1}{4}'' \times 1\frac{3}{4}''$. **$25**

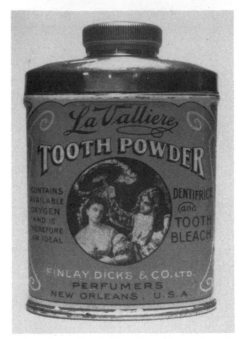

La Valliere Tooth Powder. Vertical oval, lithograph. $3\frac{1}{2}'' \times 2\frac{1}{2}''$. **$20**

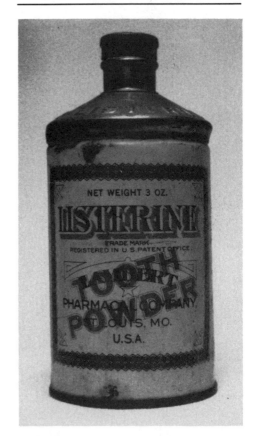

Listerine Tooth Powder. Vertical round, lithograph. $4\frac{1}{8}'' \times 2''$. **$10**

Lee's Tooth Soap. Flat rectangular, lithograph. $\frac{5}{8}'' \times 3\frac{1}{8}'' \times 2''$. **$30**

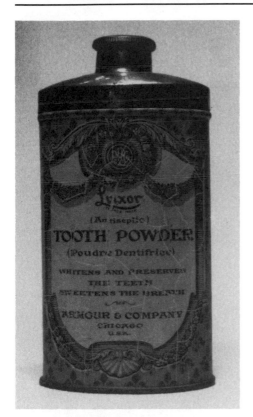

Luxor Tooth Powder. Vertical oval, lithograph. $4\frac{3}{8}'' \times 2\frac{1}{4}''$. **$15**

Osgood's Tooth Powder. Vertical round, lithograph. $4'' \times 1\frac{3}{4}''$. **$35**

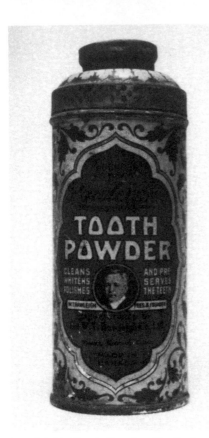

Rawleigh's Tooth Powder. Vertical round, lithograph. $4\frac{1}{2}'' \times 1\frac{3}{4}''$. **$10**

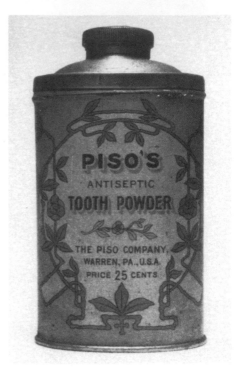

Piso's Tooth Powder. Vertical oval, lithograph. $4\frac{1}{2}'' \times 2\frac{5}{8}''$. **$12**

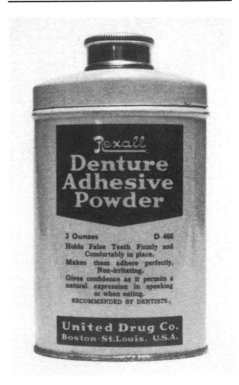

Rexall Denture Powder. Vertical oval, lithograph. $4\frac{1}{2}'' \times 2\frac{1}{2}''$. **$10**

Royal Tooth Powder. Vertical round, lithograph. 4″ × 1¾″. **$30**

Rexall Pearl. Vertical round, lithograph. 4¼″ × 1¾″. **$20**

Sanitary Tooth Soap. Flat rectangular, lithograph. 3″ × 2″ × ½″. **$15**

Sozodont Tooth Powder. Vertical round, lithograph. $3\frac{3}{4}'' \times 1\frac{3}{4}''$. **$50**

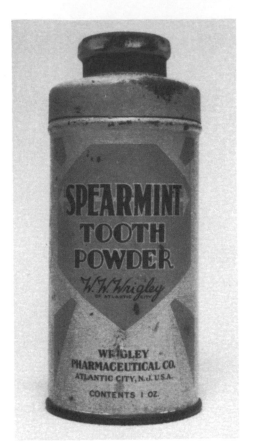

Spearmint Tooth Powder. Vertical round, lithograph. $4'' \times 1\frac{3}{4}''$. **$15**

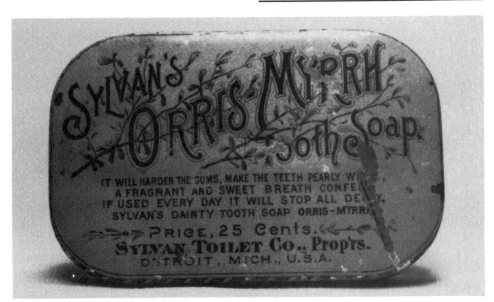

Sylvan's Orris-Myrrh Tooth Soap. Flat rectangular, lithograph. $\frac{5}{8}'' \times 3\frac{1}{4}'' \times 2''$. **$18**

Webster's Tooth Powder. Vertical round, lithograph. $3\frac{3}{8}'' \times 1\frac{3}{4}''$. **$12**

Woodbury's Tooth Powder. Vertical round, lithograph. $1'' \times 1\frac{3}{4}''$. **$20**

Webster's Tooth Preserver. Flat rectangular, lithograph. $\frac{5}{8}'' \times 3\frac{1}{4}'' \times 2\frac{1}{8}''$. **$10**

Witch Hazel Tooth Soap. Flat rectangular, lithograph. $\frac{5}{8}'' \times 3\frac{1}{4}'' \times 2\frac{1}{8}''$. **$25**

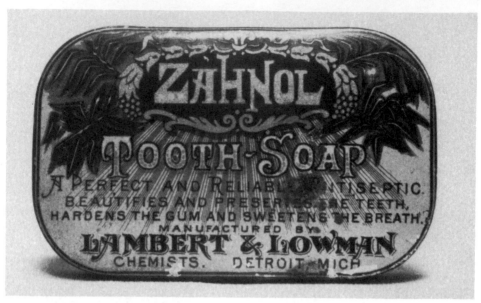

Zahnol Tooth Soap. Flat rectangular, lithograph. $\frac{5}{8}'' \times 3\frac{1}{4}'' \times 2''$. **$18**

Foot Care

Allen's Foot-Ease. Vertical rectangular,
lithograph. $5\frac{1}{4}'' \times 1\frac{3}{4}''$. **$10**

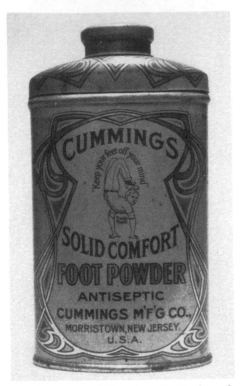

Cummings Foot Powder. Vertical oval, lithograph. $4\frac{1}{2}'' \times 2\frac{1}{2}''$. **$12**

Comfort Foot Powder. Vertical square, lithograph. $4\frac{1}{2}'' \times 1\frac{1}{4}''$. **$10**

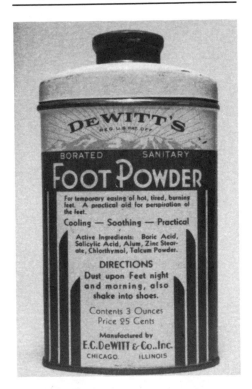

Dewitt's Foot Powder. Vertical oval, lithograph. $4\frac{1}{2}'' \times 2\frac{1}{2}''$. **$10**

Dill's Foot Powder. Vertical oval, lithograph. $4\frac{5}{8}'' \times 2\frac{1}{2}''$. **$18**

Dr. B.S. Hunt's Foot Powder. Vertical round, lithograph. $3\frac{1}{2}'' \times 1\frac{3}{4}''$. **$100**

Elite Powder. Vertical rectangular, lithograph. $7\frac{3}{4}'' \times 3\frac{1}{8}'' \times 2''$. **$20**

Fischer's Foot Powder. Vertical round, lithograph. $4'' \times 1\frac{3}{4}''$. **$30**

Fo-Po Foot Powder. Vertical round, lithograph. $4'' \times 1\frac{3}{4}''$. **$8**

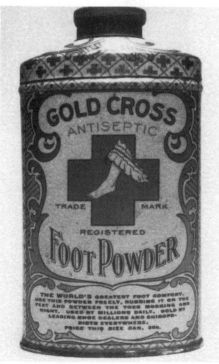

Gold Cross Foot Powder. Vertical oval, lithograph. $4\frac{1}{2}'' \times 2\frac{1}{2}''$. **$20**

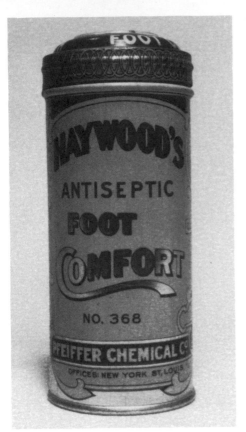

Haywood's Foot Powder. Vertical round, lithograph. $4'' \times 1\frac{3}{4}''$. **$25**

Kleen Foot Balm. Round flat, lithograph. $\frac{3}{4}'' \times 1\frac{3}{4}''$. **$5**

Manhattan Foot Powder. Vertical round, lithograph. $3\frac{1}{2}'' \times 1\frac{3}{4}''$. **$10**

Manning's Antiseptic Powder. Vertical round, lithograph. 4″ × 1¾″. **$25**

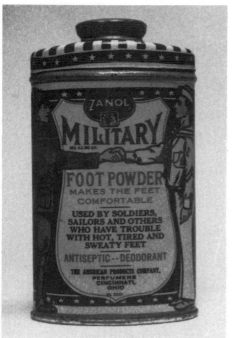

Military Foot Powder. Vertical oval, lithograph. 4½″ × 2½″. **$15**

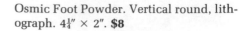

Osmic Foot Powder. Vertical round, lithograph. $4\frac{1}{4}'' \times 2''$. **$8**

Police Foot Powder. Vertical round, lithograph. $4\frac{1}{2}'' \times 2''$. **$30**

Rawleigh's Foot Powder. Vertical round, lithograph. 6″ × 1¾″. **$12**

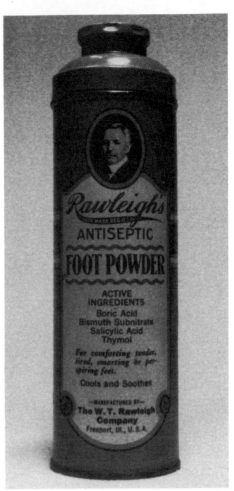

Red Cross Foot Powder. Vertical oval, lithograph. 4½″ × 2½″. **$20**

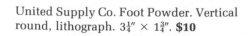

United Supply Co. Foot Powder. Vertical round, lithograph. $3\frac{1}{4}'' \times 1\frac{3}{4}''$. **$10**

Walkwell Foot Powder. Vertical round, paper label. $4'' \times 1\frac{3}{4}''$. **$12**

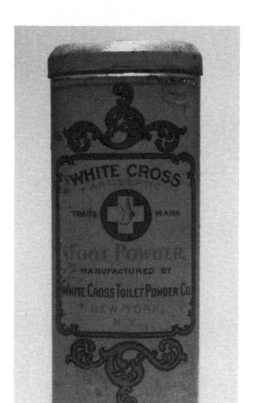

White Cross Foot Powder. Vertical oval, lithograph. 4″ × 1⅝″. **$15**

Wilcox Foot Balm. Vertical pyramid, lithograph. 5⅝″ × 2″ × 2″. **$10**

Williams Foot Powder. Vertical oval, lithograph. $4\frac{1}{2}'' \times 1\frac{3}{4}''$. **$10**

Hair Products

B. Paul's Henna Hair Restorer. Vertical round, lithograph. $3\frac{1}{4}'' \times 2\frac{1}{2}''$. **$10**

Bill Robinson Hair Dressing. Vertical oval, lithograph. 2″ × 2¾″. **$20**

Graham's Purifoam Shampoo. Vertical rectangular, lithograph. 4½″ × 2½″ × 1½″. **$12**

Joe Louis Hair Pomade. Flat round, lithograph. 1⅛″ × 3⅛″. **$25**

Lucky Brown Pressing Oil. Flat round, lithograph. 1″ × 2¾″. **$10**

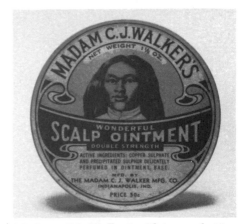

Madame C.J. Walker's. Flat round. 1″ × 2¾″. **$20**

Madame C.J. Walker's. Flat round, lithograph. $\frac{3}{4}'' \times 2''$. **$10**

Mary Johnson's Hair Dressing. Vertical oval, lithograph. $1\frac{3}{4}'' \times 2\frac{3}{4}''$. **$40**

Murray's Hair Dressing. Flat round, lithograph. $1\frac{7}{8}'' \times 3''$. **$20**

Magnetic Hair Pins. Flat rectangular, lithograph. $\frac{3}{8}'' \times 1\frac{1}{4}'' \times 3\frac{5}{8}''$. **$25**

Progress of Dandruff. Round flat, lithograph. $\frac{3}{4}'' \times 2\frac{1}{2}''$. **$20**

Queen Hair Dressing. Vertical rectangular, lithograph. $3'' \times 2\frac{1}{2}'' \times 1\frac{1}{2}''$. **$10**

Royal Olive Shampoo Powder. Vertical oval, lithograph. $5\frac{5}{8}'' \times 3''$. **$60**

Snow White Hair Beautifier. Round flat, lithograph. $1\frac{1}{8}'' \times 3\frac{1}{2}''$. **$20**

Tuxedo Light Pomade. Round flat, lithograph. $1\frac{7}{8}'' \times 3''$. **$10**

Laxative Tins

Bromo Quinine. Rectangular flat, lithograph. $\frac{1}{2}'' \times 2'' \times 1\frac{5}{8}''$. **$8**

Dewitt's Laxatives. Flat rectangular, lithograph. $\frac{1}{2}'' \times 2\frac{1}{2}'' \times 2''$. **$10**

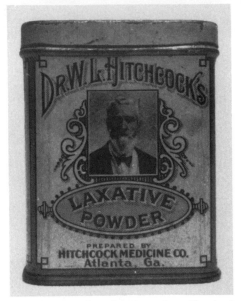

Dr. W.L. Hitchcock's Laxative. Vertical rectangular, lithograph. $2\frac{3}{4}'' \times 2\frac{1}{4}'' \times 1\frac{1}{4}''$. **$25**

Eu Pur Go. Flat arrow, lithograph. $\frac{1}{2}'' \times 2\frac{7}{8}'' \times 1''$. **$15**

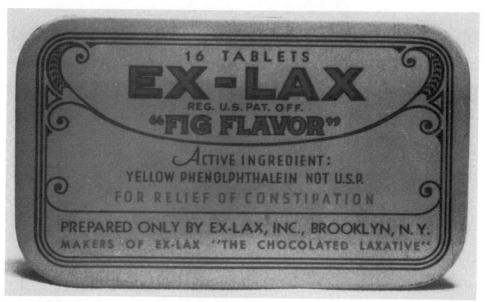

Ex-Lax Fig Flavor. Flat rectangular, lithograph. $1'' \times 4'' \times 2\frac{3}{8}''$. **$8**

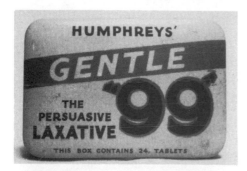

Gentle 99. Vertical flat, lithograph. $\frac{3}{8}'' \times 2\frac{1}{2}'' \times 1\frac{7}{8}''$. **$10**

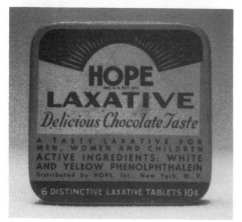

Hope Laxative. Square flat, lithograph. $\frac{1}{2}'' \times 1\frac{3}{4}'' \times 1\frac{3}{4}''$. **$6**

Lax-ets. Rectangular flat, lithograph. $\frac{1}{2}'' \times 2\frac{1}{4}'' \times 1\frac{1}{2}''$. **$8**

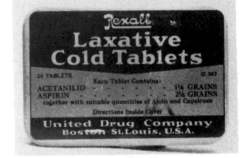

Rexall Laxative Tablets. Flat rectangular, lithograph. $\frac{3}{8}'' \times 2\frac{1}{2}'' \times 1\frac{5}{8}''$. **$10**

Rexall Orderlies. Flat rectangular, lithograph. $\frac{1}{2}'' \times 3\frac{1}{4}'' \times 1\frac{3}{4}''$. **$10**

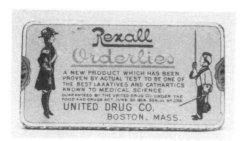

Rexall Orderlies. Rectangular flat, lithograph. $\frac{1}{2}'' \times 3\frac{1}{4}'' \times 1\frac{3}{4}''$. **$12**

Sweetlax. Flat rectangular, lithograph. $\frac{1}{2}''$ $\times 3\frac{3}{4}'' \times 2\frac{1}{4}''$. **$10**

Surety Laxative. Flat square, lithograph. $\frac{3}{8}'' \times 1\frac{5}{8}'' \times 1\frac{5}{8}''$. **$15**

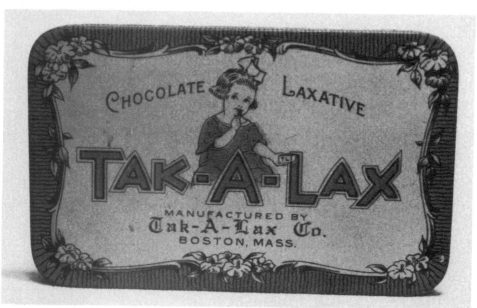

Tak-A-Lax. Flat rectangular, lithograph. $\frac{1}{2}'' \times 3\frac{3}{4}'' \times 2\frac{3}{8}''$. **$20**

Taurocol Compound Tablets. Rectangular flat, lithograph. $\frac{1}{2}'' \times 1\frac{3}{4}'' \times 1\frac{1}{4}''$. **$6**

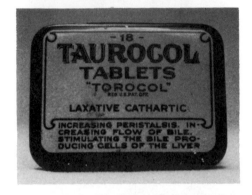

Taurocol Tablets. Rectangular flat, lithograph. $\frac{3}{8}'' \times 1\frac{3}{4}'' \times 1\frac{1}{4}''$. **$6**

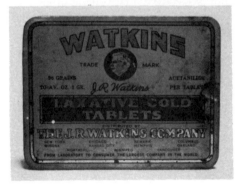

Watkins Laxative Tablets. Flat rectangular, lithograph. $\frac{1}{2}'' \times 3\frac{1}{2}'' \times 2\frac{3}{4}''$. **$10**

Medical/Curative Tins

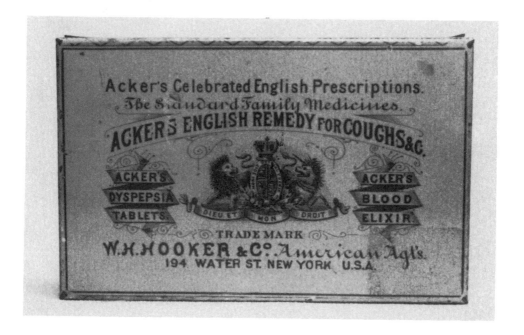

Acker's English Remedy. Flat rectangular, lithograph. $\frac{5}{8}'' \times 3\frac{5}{8}'' \times 2\frac{1}{4}''$. **$12**

Acorn Salve. Round flat, lithograph. $\frac{3}{8}'' \times 1\frac{1}{4}''$. **$12**

An-A-Cin. Rectangular flat, lithograph. $\frac{1}{4}''$ $\times 1\frac{3}{4}'' \times 1\frac{1}{4}''$. **$5**

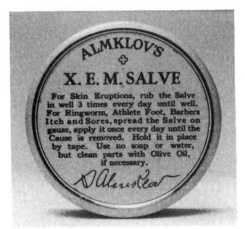

Almklov's X.E.M. Salve. Round flat, lithograph. $1\frac{1}{8}'' \times 3''$. **$3**

Anasarcin Tablets. Vertical rectangular, lithograph. $2\frac{1}{4}'' \times 1\frac{1}{2}'' \times 1''$. **$12**

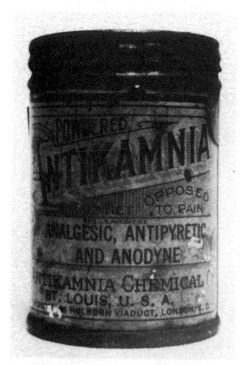

Antikamnia. Vertical round, paper label. $2\frac{3}{8}'' \times 1\frac{5}{8}''$. **$10**

Black & White Ointment. Flat round, lithograph. $\frac{5}{8}'' \times 1\frac{3}{4}''$. **$10**

Anusol Suppositories. Flat rectangular, lithograph. $\frac{1}{2}'' \times 1\frac{5}{8}'' \times 1\frac{1}{4}''$. **$10**

Blood & Stomach Pills. Flat round, lithograph. $\frac{1}{2}'' \times 1''$. **$10**

Blue Seal Zinc Plaster. Vertical round, lithograph. $1\frac{3}{8}'' \times 1''$. **$8**

Brater's Asthma Powder. Flat rectangular, lithograph. $1'' \times 3'' \times 1\frac{3}{4}''$. **$15**

Buchanan & Co. Rectangular flat, lithograph. $1\frac{3}{4}'' \times 4\frac{1}{2}''$. **$25**

Bukets Tablets. Flat rectangular, lithograph. $\frac{1}{2}'' \times 2\frac{1}{2}'' \times 1\frac{5}{8}''$. **$8**

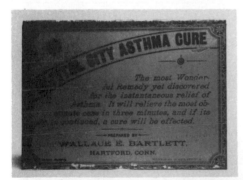

Capitol City Asthma Cure. Rectangular flat, lithograph. $1\frac{1}{4}'' \times 4\frac{1}{2}''$. **$15**

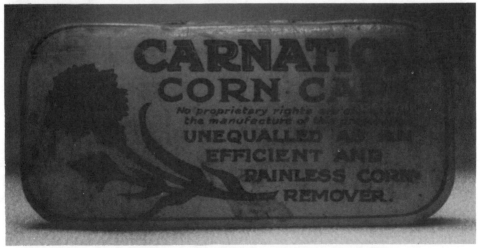

Carnation Corn Caps. Rectangular flat, lithograph. $\frac{1}{2}'' \times 2\frac{1}{2}'' \times 1\frac{1}{8}''$. **$10**

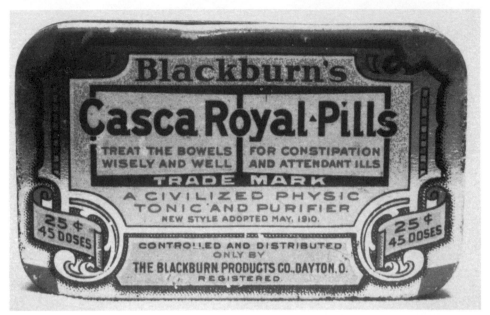

Casca Royal Pills. Flat rectangular, lithograph. $\frac{1}{2}'' \times 2\frac{1}{2}'' \times 1\frac{1}{2}''$. **$8**

Charcoal Tablets. Rectangular flat, lithograph. $\frac{5}{8}'' \times 3\frac{1}{2}''$. **$15**

Certified Aspirin. Rectangular flat, lithograph. $\frac{1}{4}'' \times 1\frac{3}{4}'' \times 1\frac{1}{4}''$. **$5**

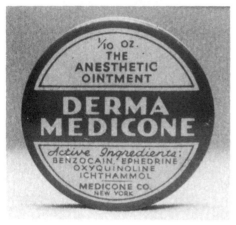

Derma Medicone. Round flat, lithograph. $\frac{1}{4}'' \times 1\frac{1}{2}''$. **$4**

Doan's Ointment. Round flat, lithograph. $\frac{5}{8}'' \times 2''$. **$12**

Dr. Bell's Salve. Round flat, lithograph. $\frac{7}{8}'' \times 2\frac{1}{4}''$. **$10**

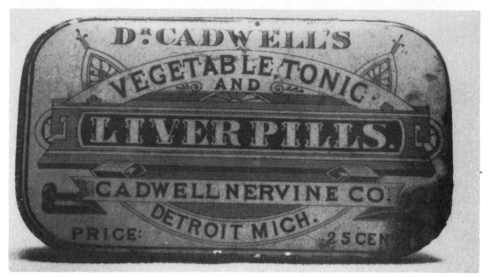

Dr. Cadwell's Liver Pills. Rectangular flat, lithograph. $\frac{1}{2}'' \times 2\frac{5}{8}'' \times 1\frac{1}{2}''$. **$10**

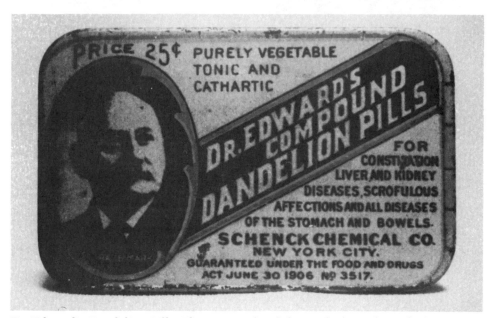

Dr. Edward's Dandelion Pills. Flat rectangular, lithograph. $\frac{1}{2}'' \times 2\frac{1}{2}'' \times 1\frac{5}{8}''$. **$10**

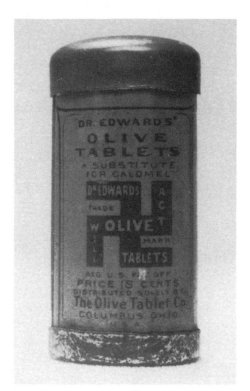

Dr. Edwards' Olive Tablets. Vertical oval, lithograph. $1\frac{3}{4}'' \times \frac{7}{8}''$. **$6**

Dr. J. Pettit's Eye Salve. Flat round, lithograph. $\frac{1}{4}'' \times 1\frac{1}{4}''$. **$10**

Dr. J. Cannon Salve. Round flat, lithograph. $1'' \times 2\frac{1}{2}''$. **$10**

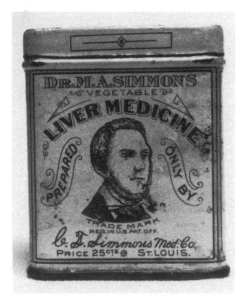

Dr. M.A. Simmons. Vertical square, lithograph. $2\frac{1}{8}'' \times 1\frac{3}{4}'' \times 1\frac{3}{4}''$. **$25**

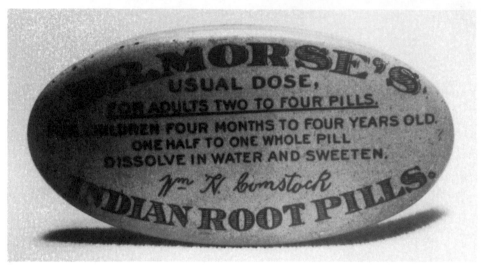

Dr. Morse's Indian Root Pills. Flat oval, lithograph. $\frac{5}{8}'' \times 2''$. **$10**

Dr. Pierces Lotion Tablets. Round flat, lithograph. $\frac{3}{4}'' \times 2\frac{1}{2}''$. **$10**

Dr. Pierce's Suppositories. Round flat, lithograph. $\frac{3}{4}'' \times 1\frac{3}{4}''$. **$8**

Drefs Corn Salve. Round flat, lithograph. $\frac{1}{2}'' \times 1''$. **$8**

Drefs' Liver Pills. Round flat, lithograph. $\frac{3}{4}'' \times 2''$. **$5**

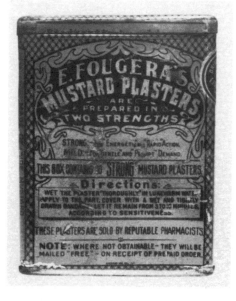

E. Fougera's Mustard Plaster. Vertical rectangular, lithograph. $5'' \times 3\frac{3}{4}'' \times \frac{5}{8}''$. **$10**

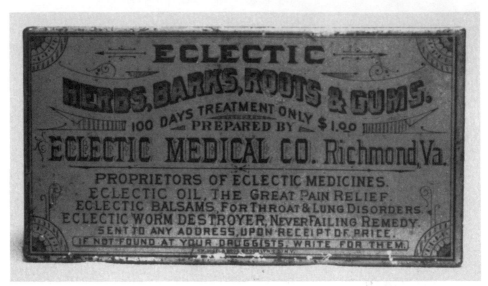

Eclectic Medical Co. Flat rectangular, lithograph. $2'' \times 4\frac{1}{2}'' \times 2\frac{1}{2}''$. **$25**

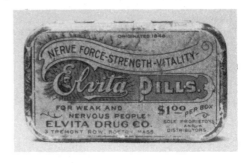

Elvita Pills. Rectangular flat lithograph. $\frac{3}{4}'' \times 3'' \times 1\frac{1}{2}''$. **$12**

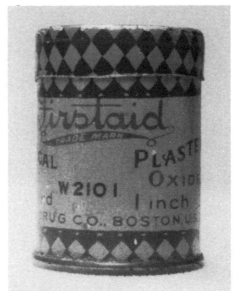

Firstaid Surgical Plaster. Vertical round, lithograph. $1\frac{1}{4}'' \times 1''$. **$8**

Fresh Seidlitz Powders. Rectangular flat, lithograph. $1\frac{3}{4}'' \times 4\frac{1}{2}''$. **$10**

Genuine Seidlitz Powders. Rectangular flat, lithograph. $1\frac{3}{4}'' \times 4\frac{1}{2}''$. **$10**

Hygienic Franco-American. Vertical round, lithograph. $4\frac{3}{4}'' \times 1\frac{3}{4}''$. **$15**

International Healing Powder. Vertical
round, lithograph. 4″ × 1¾″. **$20**

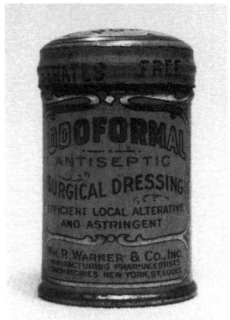

Iodoformal Surgical Dressing. Vertical
round, lithograph. 1⅝″ × 1″. **$10**

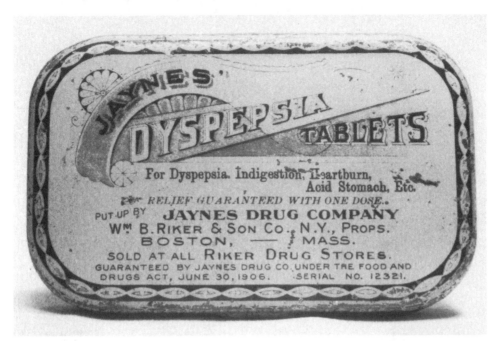

Jaynes' Dyspepsia Tablets. Flat rectangular, lithograph. $\frac{3}{4}'' \times 4'' \times 2\frac{1}{2}''$. **$12**

Johnson & Johnson. Flat rectangular, lithograph $\frac{5}{8}'' \times 4\frac{3}{4}'' \times 3\frac{5}{8}''$. **$12**

Jim Crow Corn Salve. Flat round, lithograph. $\frac{5}{8}'' \times 1\frac{1}{8}''$. **$15**

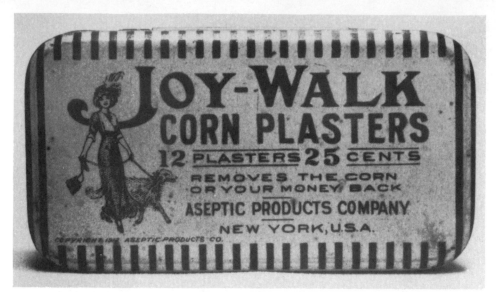

Joy-Walk Corn Plasters. Flat rectangular, lithograph. $1'' \times 4'' \times 2\frac{1}{4}''$. **$20**

King Salve. Round flat, lithograph. $\frac{5}{8}'' \times$ 2''. **$25**

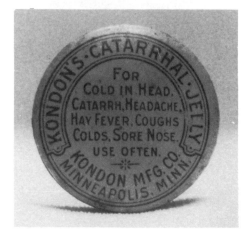

Kondon's Catarrhal Jelly. Round flat, lithograph. $\frac{1}{4}'' \times 1''$. **$8**

Lindsay's Sure Cure. Vertical square, lithograph. $2\frac{1}{4}'' \times 1\frac{5}{8}'' \times 1\frac{5}{8}''$. **$20**

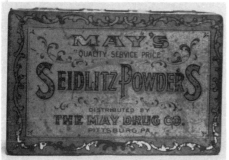

May's Seidlitz Powders. Rectangular flat, lithograph. $1\frac{3}{4}'' \times 4\frac{1}{2}''$. **$10**

McKesson & Robbins. Vertical round, lithograph. $1\frac{3}{8}'' \times 1''$. **$6**

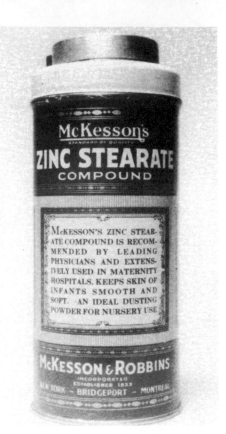

McKesson's Zinc Stearate. Vertical round, lithograph. $5\frac{1}{2}'' \times 2\frac{1}{4}''$. **$10**

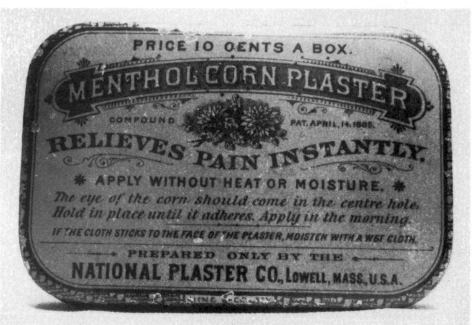

Mentholcorn Plaster. Flat rectangular, lithograph. $\frac{5}{8}'' \times 3\frac{1}{2}'' \times 2\frac{1}{4}''$. **$10**

Moscos Catarrh Cure. Flat round, lithograph. $\frac{1}{2}'' \times 1\frac{1}{2}''$. **$55**

Mother's Mustard Plasters. Flat rectangular, lithograph. $\frac{5}{8}'' \times 4\frac{3}{4}'' \times 3\frac{3}{4}''$. **$20**

Mutton Tallow. Flat rectangular, lithograph. $\frac{7}{8}'' \times 3'' \times 1\frac{3}{4}''$. **$15**

Omin Gland Products. Flat round, lithograph. $\frac{3}{4}'' \times 2\frac{1}{2}''$. **$10**

One Night Corn Salve. Round flat, lithograph. $\frac{3}{8}'' \times 1\frac{1}{4}''$. **$5**

Oxien Nazone Salve. Round flat, lithograph. $\frac{3}{4}'' \times 1\frac{3}{4}''$. **$20**

Pasteurine Anti-Perspiration Powder. Vertical oval, lithograph. $3\frac{5}{8}'' \times 2\frac{1}{2}''$. **$50**

Pasteurine Antiseptic Powder. Vertical round, lithograph. $3\frac{3}{4}'' \times 1\frac{3}{4}''$. **$25**

Paulette's Tablets. Flat rectangular, lithograph. $1'' \times 2\frac{7}{8}'' \times 1\frac{5}{8}''$. **$10**

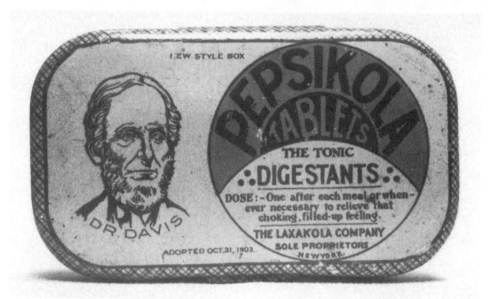

Pepsikola Tablets. Rectangular flat, lithograph. $\frac{5}{8}'' \times 2\frac{7}{8}''$. **$20**

Phillips' Tablets. Rectangular flat, lithograph. $\frac{1}{4}'' \times 2\frac{1}{4}'' \times 1\frac{1}{2}''$. **$8**

Perfection Adhesive Plaster. Vertical round, lithograph. $1\frac{1}{4}'' \times 1\frac{1}{8}''$. **$8**

Phipp's Catarrh Remedy. Round flat, lithograph. $\frac{1}{4}'' \times 1''$. **$8**

Powdered Boric Acid. Vertical oval, lithograph. $4'' \times 2\frac{1}{2}''$. **$20**

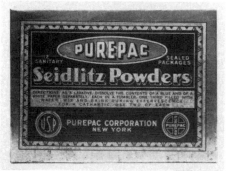

Purepac Seidlitz Powders. Rectangular flat, lithograph. $1\frac{1}{2}'' \times 4\frac{1}{2}''$. **$10**

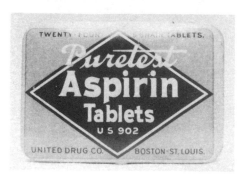

Puretest Aspirin. Rectangular flat, lithograph. $\frac{1}{4}'' \times 2\frac{5}{8}'' \times 1\frac{3}{4}''$. **$5**

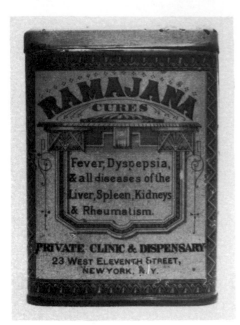

Ramajana. Vertical square, lithograph. 4″
× 2¾″ × 1⅝″. **$18**

Ramon's Brownie Pills. Vertical round,
lithograph. 2″ × 1″. **$10**

Rectal Medicone. Rectangular flat, lith-
ograph. ⅜″ × 1¾″ × 1¼″. **$7**

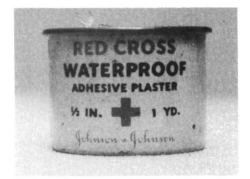

Red Cross Adhesive Plaster. Round flat,
lithograph. 1″ × 1⅛″. **$6**

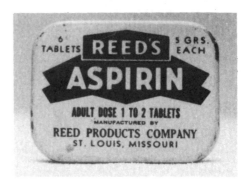

Reed's Aspirin. Rectangular flat, litho-
graph. ¼″ × 1¼″ × 1″. **$5**

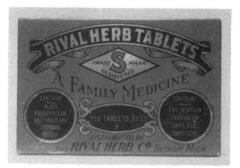

Rival Herb Tablets. Rectangular flat, lithograph. $\frac{3}{4}'' \times 3\frac{1}{4}'' \times 2\frac{1}{4}''$. **$10**

Ring's Witch Hazel. Round flat, lithograph. $\frac{3}{4}'' \times 1\frac{1}{2}''$. **$8**

Rochelle Seidlitz Powders. Rectangular flat, lithograph. $1\frac{3}{4}'' \times 4\frac{1}{2}''$. **$10**

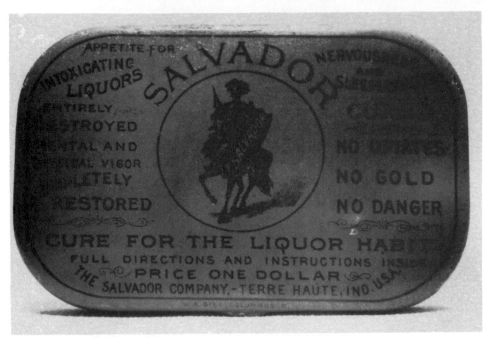

Salvador. Vertical flat, lithograph. $\frac{1}{2}'' \times 3\frac{1}{4}'' \times 2''$. **$50**

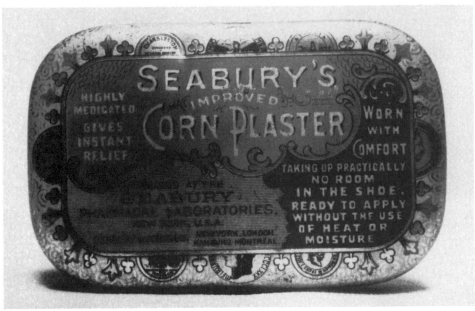

Seabury's Corn Plaster. Flat rectangular, lithograph. $\frac{5}{8}'' \times 3\frac{1}{8}'' \times 2''$. **$20**

Seidlitz Powders. Rectangular flat, lithograph. $1\frac{1}{2}'' \times 4\frac{1}{4}''$. **$15**

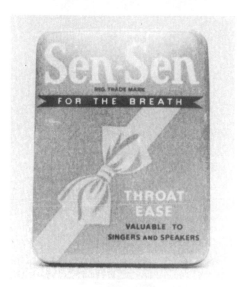

Sen-Sen. Rectangular flat, lithograph. $\frac{1}{4}''$ $\times 1\frac{1}{2}'' \times 2''$. **$8**

Sila. Flat rectangular lithograph. $\frac{1}{2}'' \times 1''$ $\times 1\frac{3}{4}''$. **$15**

666 Salve. Round flat, lithograph. $\frac{1}{4}'' \times$ $1\frac{1}{4}''$. **$5**

Smith's Pills. Flat rectangular, lithograph. $\frac{1}{2}'' \times 3'' \times 2\frac{1}{8}''$. **$15**

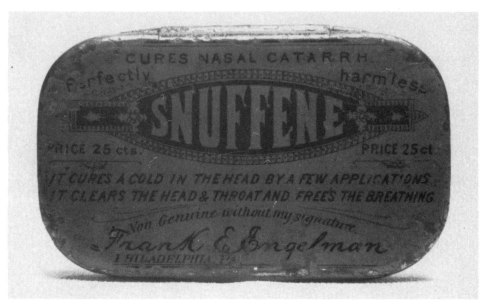

Snuffene. Vertical flat, lithograph. $\frac{1}{2}'' \times 3'' \times 1\frac{3}{4}''$. **$12**

Smith's Rosebud Salve. Round flat, lithograph. $\frac{1}{2}'' \times 2''$. **$8**

Soovain. Rectangular flat, lithograph. $\frac{1}{4}''$ $\times 1\frac{9}{4}'' \times 1\frac{1}{4}''$. **$3**

Sterling Boric Acid. Vertical square, lithograph. $2\frac{5}{8}'' \times 2\frac{1}{4}'' \times 2\frac{1}{4}''$. **$8**

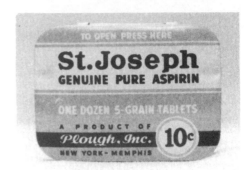

St. Joseph Aspirin. Rectangular flat, lithograph. $\frac{1}{4}'' \times 1\frac{3}{4}'' \times 1\frac{1}{4}''$. **$5**

Sure Cure. Round flat, cardboard. $\frac{3}{8}'' \times 1\frac{1}{4}''$.
$4

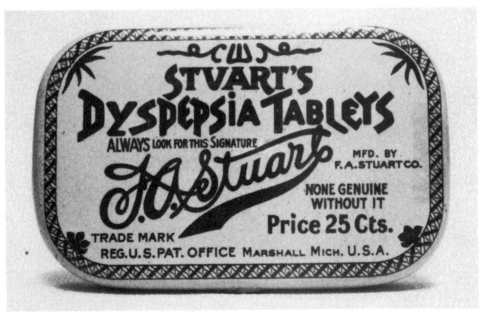

Stuart's Dyspepsia Tablets. Flat rectangular, lithograph. $\frac{5}{8}'' \times 3\frac{1}{4}'' \times 2''$. **$10**

Teateana Tablets. Rectangular flat, lithograph. $\frac{5}{8}'' \times 3\frac{3}{4}''$. **$10**

U.C.A. Salve. Round flat, lithograph. $\frac{3}{4}'' \times 2\frac{3}{8}''$. **$5**

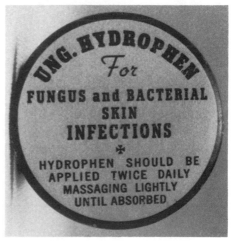

Ung. Hydrophen. Round flat, lithograph. $\frac{1}{4}'' \times 1\frac{3}{4}''$. **$3**

Unguentine. Round flat, lithograph. $\frac{1}{2}'' \times 2''$. **$3**

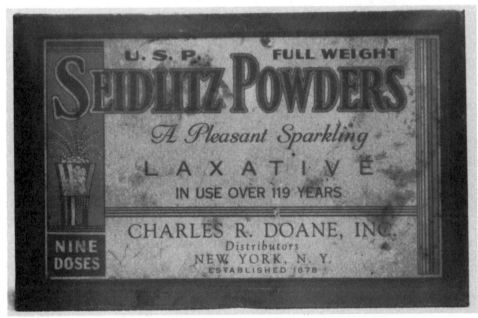

U.S.P. Seidlitz Powders. Rectangular flat, lithograph. $1\frac{1}{2}'' \times 4\frac{3}{4}''$. **$10**

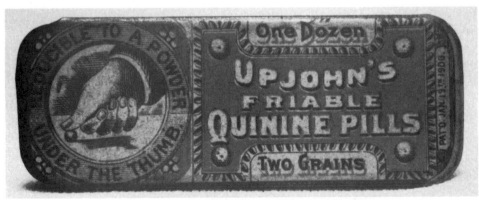

Upjohn's Quinine Pills. Flat rectangular, lithograph. $\frac{3}{8}'' \times 2\frac{1}{8}'' \times \frac{3}{4}''$. **$10**

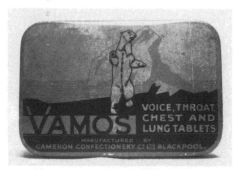

Vamos. Rectangular flat, lithograph. $\frac{5}{8}'' \times 3\frac{1}{4}''$. **$10**

Watkins Corn Salve. Round flat, lithograph. $\frac{1}{2}'' \times 1\frac{1}{2}''$. **$8**

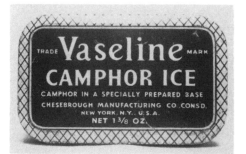

Vaseline Camphor Ice. Flat rectangular, lithograph. $\frac{3}{4}'' \times 3'' \times 1\frac{3}{4}''$. **$10**

Watkins Petro-Carbo Salve. Round flat, lithograph. $\frac{5}{8}'' \times 1\frac{1}{2}''$. **$5**

Vegetable Liver Pills. Flat round, lithograph. $\frac{1}{4}'' \times 1\frac{1}{4}''$. **$35**

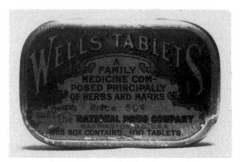

Wells' Tablets. Rectangular flat, lithograph. $\frac{5}{8}'' \times 3\frac{1}{4}''$. **$15**

White Cloverine Salve. Round flat, lithograph. $\frac{3}{4}'' \times 2\frac{5}{8}''$. **$5**

Wonderful Dream Salve. Round flat, lithograph. $\frac{3}{4}'' \times 2\frac{1}{2}''$. **$20**

Manon Lescaut Talcum. Vertical oval, lithograph. $5\frac{3}{4}'' \times 3''$. **$50**

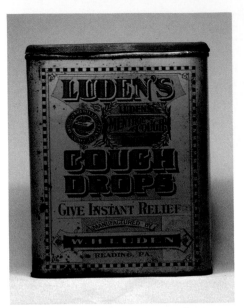

Luden's Cough Drops. Vertical rectangular, lithograph. $8'' \times 6\frac{1}{8}'' \times 4''$. **$55**

W.S. Cough Drops. Vertical square, lithograph. $7\frac{1}{2}'' \times 5\frac{1}{8}'' \times 5\frac{1}{8}''$. **$280**

Imperial Face Powder. Flat square, lithograph. $1\frac{1}{2}'' \times 3'' \times 3''$. **$15**

Police Foot Powder. Vertical oval, lithograph. $4\frac{1}{2}'' \times 2\frac{1}{2}''$. **$100**

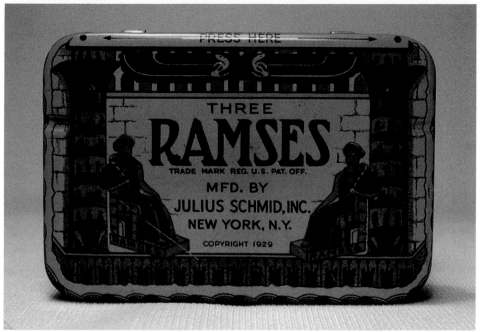

Ramses Prophylactics. Flat rectangular, lithograph. $\frac{1}{4}'' \times 2\frac{3}{4}'' \times 2''$. **$20**

Napoleons Prophylactics. Flat rectangular, lithograph. $\frac{1}{4}'' \times 2\frac{3}{4}'' \times 2''$. **$50**

Sphinx Prophylactics. Flat rectangular, lithograph. $\frac{1}{4}'' \times 2\frac{1}{8}'' \times 1\frac{5}{8}''$. **$50**

Wizard Dental Rubber. Flat rectangular, lithograph. $\frac{3}{4}'' \times 5\frac{7}{8}'' \times 3\frac{1}{4}''$. **$20**

Garfield Digestive Tablets. Flat rectangular, lithograph. $1\frac{5}{8}'' \times 3'' \times 1\frac{3}{4}''$. **$50**

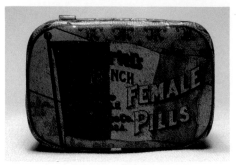

Dr. Martel's French Female Pills. Flat rectangular, lithograph. $1\frac{3}{8}'' \times 2\frac{1}{2}'' \times \frac{3}{4}''$. **$20**

Seidlitz Powders. Rectangular flat, lithograph. $1\frac{3}{4}'' \times 4\frac{5}{8}''$. **$35**

Peerless Tooth Powder. Vertical round, lithograph. $3\frac{1}{4}'' \times 1\frac{3}{4}''$. **$20**

Tuskegee Belle Hair Dressing. Vertical rectangular, lithograph. $3'' \times 2\frac{5}{8}'' \times 1\frac{1}{2}''$. **$20**

Parto-Glory Nerve Tonic. Vertical square, lithograph. $5'' \times 2\frac{1}{2}'' \times 2\frac{1}{2}''$. **$30**

Herbies Tablets. Flat rectangular, lithograph. $\frac{5}{8}'' \times 3\frac{1}{4}'' \times 3''$. **$12**

Comfort Powder. Vertical round, lithograph. $3\frac{3}{8}'' \times 2''$. **$120**

Frontier Boot Polish. Round flat, lithograph. $1'' \times 3''$. **$40**

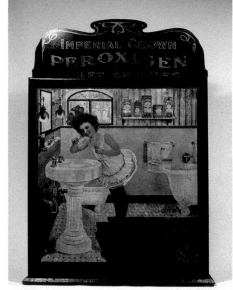

Imperial Crown Peroxigen Toilet Articles (store display). Lithograph. **$500**

Sunray Ointment. Flat round, lithograph. $\frac{1}{2}'' \times 1\frac{1}{2}''$. **$15**

Corylopsis Talcum (dome top). Vertical round, paper label. $6\frac{1}{2}'' \times 3''$. **$25**

Golf Girl Talcum. Vertical round, cardboard. $5\frac{1}{2}'' \times 2\frac{5}{8}''$. **$500**

Frescodor Talcum. Vertical oval, lithograph. $5\frac{1}{4}'' \times 3\frac{1}{8}''$. **$120**

Poudre de Talc Pompeïa. Trapezoidal, lithograph. $4\frac{1}{4}'' \times 3\frac{1}{4}''$. **$50**

Merrills Royal Talcum. Vertical oval, lithograph, $5\frac{1}{8}'' \times 2\frac{1}{2}''$. **$135**

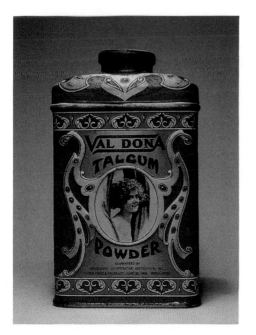

Hall's Talcum. Vertical round, lithograph. $4'' \times 1\frac{3}{4}''$. **$50**

Val Dona Talcum. Vertical rectangular, lithograph. $4\frac{3}{8}'' \times 2\frac{5}{8}'' \times 2\frac{1}{2}''$. **$70**

Zanol Baby Mine. Vertical pyramid, lithograph. $5\frac{3}{8}'' \times 2\frac{3}{4}'' \times 1\frac{3}{4}''$. **$60**

Cream of Milk Talcum. Vertical oval, lithograph. $5\frac{1}{4}'' \times 2\frac{1}{2}''$. **$35**

Violette Exquisite Talcum. Vertical oval, lithograph. $4\frac{1}{2}'' \times 2\frac{1}{4}''$. **$40**

Williams' Baby Talc. Vertical oval, lithograph. $5'' \times 2\frac{3}{4}''$. **$25**

Prophylactic Tins

Akron Tourist Tubes. Flat rectangular, lithograph. $\frac{1}{4}'' \times 2\frac{1}{8}'' \times 1\frac{5}{8}''$. **$175**

Apris. Flat rectangular, lithograph. $\frac{1}{4}'' \times 2\frac{1}{8}'' \times 1\frac{5}{8}''$. **$20**

Carmen. Flat round, lithograph. $\frac{1}{2}'' \times 1\frac{5}{8}''$. **$65**

Cadets. Flat rectangular, lithograph. $\frac{1}{4}'' \times 2\frac{1}{8}'' \times 1\frac{5}{8}''$. **$50**

Caravan. Flat rectangular, lithograph. $\frac{1}{4}'' \times 2\frac{1}{8}'' \times 1\frac{5}{8}''$. **$50**

Champ (baseball). Flat rectangular, cardboard. $\frac{1}{4}'' \times 1\frac{3}{4}'' \times 2''$. **$50**

Dean's Peacocks. Flat rectangular, lithograph. $\frac{1}{4}'' \times 2\frac{1}{8}'' \times 1\frac{5}{8}''$. **$15**

Debs. Flat rectangular, lithograph. $\frac{1}{4}'' \times 2\frac{1}{8}'' \times 1\frac{5}{8}''$. **$50**

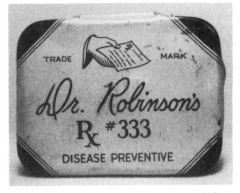

Dr. Robinson's. Flat rectangular, lithograph. $\frac{1}{4}'' \times 2\frac{1}{8}'' \times 1\frac{5}{8}''$. **$15**

Chariots. Flat rectangular, lithograph. $\frac{1}{4}'' \times 2\frac{1}{8}'' \times 1\frac{5}{8}''$. **$60**

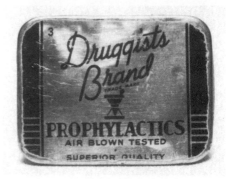

Druggists Brand. Flat rectangular, lithograph. $\frac{1}{4}''\times2\frac{1}{8}''\times1\frac{5}{8}''$. **$100**

Felco. Flat rectangular, lithograph. $\frac{1}{4}''\times2\frac{3}{4}''\times2''$. **$50**

Gems. Flat rectangular, lithograph. $\frac{1}{4}''\times2\frac{1}{8}''\times1\frac{5}{8}''$. **$50**

Golden Pheasant. Flat rectangular, lithograph. $\frac{1}{4}''\times2\frac{1}{8}''\times1\frac{5}{8}''$. **$50**

Kamels. Flat rectangular, lithograph. $\frac{1}{4}'' \times 2\frac{1}{8}'' \times 1\frac{5}{8}''$. **$75**

Modern-Tex. Flat rectangular, lithograph. $\frac{1}{4}'' \times 2\frac{1}{8}'' \times 1\frac{5}{8}''$. **$15**

Nunbetter. Flat rectangular, lithograph. $\frac{1}{4}'' \times 2\frac{1}{8}'' \times 1\frac{5}{8}''$. **$50**

Nutex (Band of Purity). Flat rectangular, lithograph. $\frac{1}{4}'' \times 2\frac{3}{4}'' \times 2''$. **$25**

Nutex (Transparent). Flat rectangular, lithograph. $\frac{1}{4}'' \times 2\frac{3}{4}'' \times 2''$. **$20**

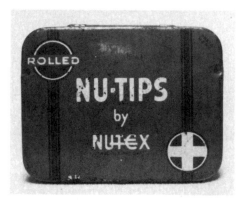

Nu-Tips. Flat rectangular, lithograph. $\frac{1}{4}''$ $\times 2\frac{1}{8}'' \times 1\frac{5}{8}''$. **$15**

Pirates. Flat round, lithograph. $\frac{1}{2}'' \times 1\frac{5}{8}''$. **$275**

Paramount. Flat rectangular, lithograph. $\frac{1}{4}'' \times 2\frac{1}{8}'' \times 1\frac{5}{8}''$. **$50**

Radium. Flat rectangular, lithograph. $\frac{1}{4}''$ $\times 2\frac{1}{8}'' \times 1\frac{5}{8}''$. **$25**

Ramses. Flat rectangular, lithograph. $\frac{1}{4}'' \times 2\frac{3}{4}'' \times 2''$. **$20**

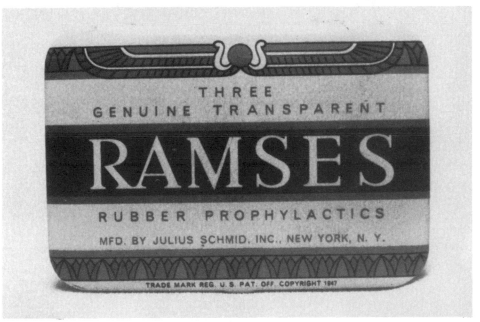

Ramses. Flat rectangular, lithograph. $\frac{1}{4}'' \times 2\frac{3}{4}'' \times 2''$. **$35**

Romeos. Flat rectangular, lithograph. $\frac{1}{4}''$ × $2\frac{1}{8}''$ × $1\frac{5}{8}''$. **$25**

Saf-T-Way. Flat rectangular, lithograph. $\frac{1}{4}''$ × $2\frac{1}{8}''$ × $1\frac{5}{8}''$. **$15**

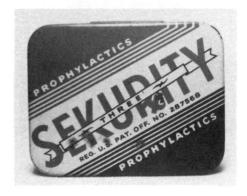

Sekurity. Flat rectangular, lithograph. $\frac{1}{4}''$ × $2\frac{1}{8}''$ × $1\frac{5}{8}''$. **$35**

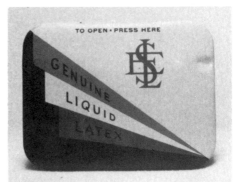

Sel. Flat rectangular, lithograph. $\frac{1}{4}''$ × $2\frac{1}{8}''$ × $1\frac{5}{8}''$. **$15**

Shadows. Flat rectangular, lithograph. $\frac{1}{4}''$ × $2\frac{1}{8}''$ × $1\frac{5}{8}''$. **$15**

Sheik. Flat rectangular, lithograph. $\frac{1}{4}''$ × $2\frac{1}{8}''$ × $1\frac{5}{8}''$. **$20**

Sheik. Flat rectangular, lithograph. $\frac{1}{4}''$ × $2\frac{1}{8}''$ × $1\frac{5}{8}''$. **$10**

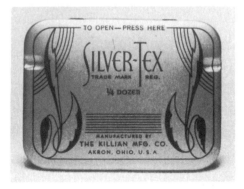

Silver-Tex. Flat rectangular, lithograph. $\frac{1}{4}''$ × $2\frac{1}{8}''$ × $1\frac{5}{8}''$. **$25**

Texide. Flat rectangular, lithograph. $\frac{1}{4}''$ × $2\frac{1}{8}''$ × $1\frac{5}{8}''$. **$20**

Trojans. Flat rectangular, lithograph. $\frac{1}{4}''$ × $2\frac{1}{8}''$ × $1\frac{5}{8}''$. **$20**

Three Graces. Flat round, lithograph. $\frac{1}{2}''$ × $1\frac{5}{8}''$. **$190**

Xcello's. Flat rectangular, lithograph. $\frac{1}{4}''$ × $2\frac{1}{8}''$ × $1\frac{5}{8}''$. **$15**

Samplers

Air Float Wistaria. Vertical oval, lithograph. $2\frac{1}{4}'' \times 1\frac{1}{4}''$. **$30**

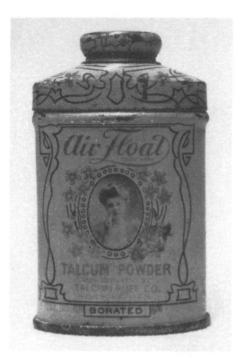

Air Float. Vertical oval, lithograph. $2\frac{1}{4}''\times 1\frac{1}{4}''$. **$35**

Azomis. Vertical oval, lithograph. $2\frac{1}{4}''\times 1\frac{1}{4}''$. **$30**

Amami. Vertical oval, lithograph. $2\frac{1}{4}''\times 1\frac{1}{4}''$. **$50**

Bel-Bon. Vertical oval, lithograph. $2\frac{1}{4}''\times 1\frac{1}{4}''$. **$30**

Bermarine Hair Dressing. Flat round, lithograph. $\frac{3}{8}'' \times 1\frac{5}{8}''$. **$20**

Cashmere Bouquet. Vertical oval, lithograph. $2\frac{1}{4}'' \times 1\frac{1}{4}''$. **$22**

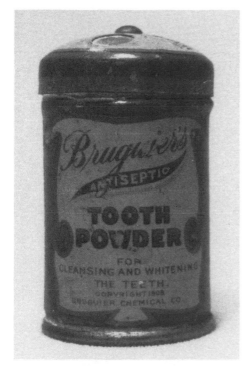

Bruguier's Tooth Powder. Vertical round, lithograph. $1\frac{3}{4}'' \times 1''$. **$20**

Cashmere Bouquet. Vertical oval, lithograph. $2\frac{1}{4}'' \times 1\frac{1}{4}''$. **$22**

Cha Ming. Vertical oval, lithograph. $2\frac{1}{4}''$ × $1\frac{1}{4}''$. **$22**

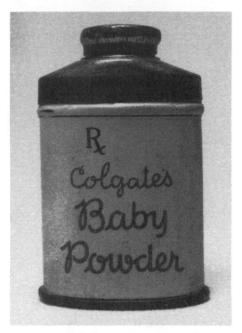

Colgate's Baby Powder. Vertical oval, lithograph. $2\frac{1}{4}''$ × $1\frac{1}{4}''$. **$25**

Chamberlain's. Round flat, lithograph. $\frac{1}{4}''$ × $1''$. **$10**

Colgate's Baby Talc. Vertical oval, lithograph. $2\frac{1}{4}''$ × $1\frac{1}{4}''$. **$40**

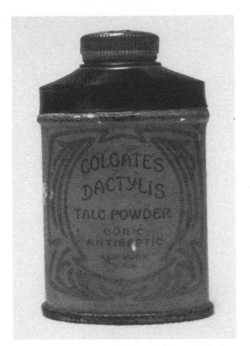

Colgate's Dactylis. Vertical oval, lithograph. 2¾″ × 1¼″. **$25**

Colgate's Éclat. Vertical oval, lithograph. 2½″ × 1¼″. **$22**

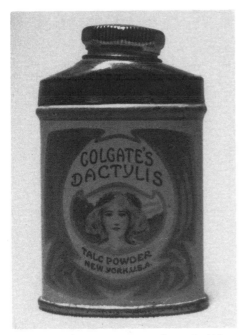

Colgate's Dactylis. Vertical oval, lithograph. 2¾″ × 1¼″. **$40**

Colgate's La France Rose. Vertical oval, lithograph. 2¾″ × 1¼″. **$25**

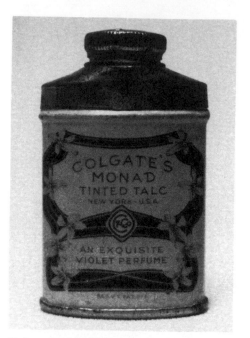

Colgate's Monad. Vertical oval, lithograph. $2\frac{1}{4}'' \times 1\frac{1}{4}''$. **$22**

Colgate's Rapid Shave. Vertical oval, lithograph. $2\frac{1}{4}'' \times 1\frac{1}{4}''$. **$15**

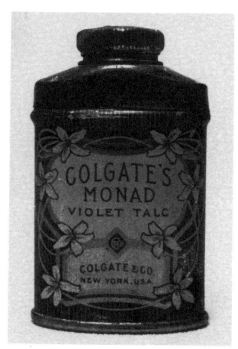

Colgate's Monad. Vertical oval, lithograph. $2\frac{1}{4}'' \times 1\frac{1}{4}''$. **$22**

Colgate's Violet. Vertical oval, lithograph. $2\frac{1}{4}'' \times 1\frac{1}{4}''$. **$35**

Colgate's Violet. Vertical oval, lithograph. $2\frac{1}{2}'' \times 1\frac{1}{4}''$. **$22**

Columbia. Vertical oval, lithograph. $2\frac{1}{4}''$ $\times 1\frac{1}{4}''$. **$12**

Co-Re-Ga. Vertical oval, lithograph. $2\frac{1}{4}'' \times 1\frac{1}{4}''$. **$18**

Co-Re-Ga. Vertical oval, lithograph. $2\frac{1}{4}'' \times 1\frac{1}{4}''$. **$25**

Corsage Bouquet. Vertical oval, lithograph. $2\frac{1}{4}'' \times 1\frac{1}{4}''$. **$50**

Dental Plate Kleen. Vertical oval, lithograph. $2\frac{1}{4}'' \times 1\frac{1}{4}''$. **$30**

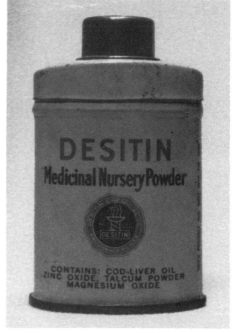

Cuticura. Vertical oval, lithograph. $2\frac{1}{4}'' \times 1\frac{1}{4}''$. **$50**

Desitin Nursery Powder. Vertical oval, lithograph. $2\frac{1}{4}'' \times 1\frac{1}{4}''$. **$15**

Dr. Daniels' Gall Cura. Flat round, lithograph. $\frac{1}{2}'' \times 1\frac{3}{8}''$. **$12**

Eutaska. Vertical oval, lithograph. $2\frac{1}{4}'' \times 1\frac{1}{4}''$. **$30**

Dr. Sayman's Healing Salve. Round flat, lithograph. $\frac{1}{4}'' \times 1\frac{1}{4}''$. **$15**

Dr. Scholl's Foot Balm. Round flat, lithograph. $\frac{1}{4}'' \times 1\frac{1}{2}''$. **$10**

Euthymol. Vertical oval, lithograph. $2\frac{1}{4}'' \times 1\frac{1}{4}''$. **$22**

Fleet's ChapStick. Round flat, lithograph. $\frac{1}{4}'' \times 1''$. **$10**

Florient. Vertical oval, lithograph. $2\frac{1}{4}'' \times 1\frac{1}{4}''$. **$22**

Hinds. Vertical oval, lithograph. $2\frac{1}{4}'' \times 1\frac{1}{4}''$. **$50**

Gardenia. Vertical oval, lithograph. $2\frac{1}{4}'' \times 1\frac{1}{4}''$. **$35**

Hope Denture Powder. Vertical oval, lithograph. $2\frac{1}{4}'' \times 1\frac{1}{4}''$. **$25**

Ice-Mint. Round flat, lithograph. $\frac{1}{4}'' \times 1''$.
$10

Ideal Talcum. Vertical oval, lithograph. $2\frac{1}{4}'' \times 1\frac{1}{4}''$. **$30**

Iatrol. Vertical oval, lithograph. $2\frac{1}{4}'' \times 1\frac{1}{4}''$.
$30

Ingram's Shaving Cream. Round flat, lith-
ograph. $\frac{1}{2}'' \times 1''$. **$10**

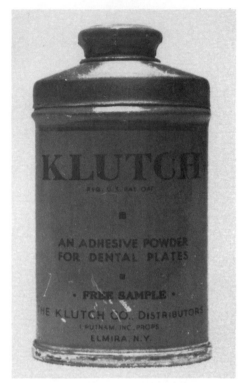

Klutch Dental Powder. Vertical oval, lith-
ograph. $2\frac{1}{4}'' \times 1\frac{1}{4}''$. **$15**

Jap Rose. Vertical oval, lithograph. $2\frac{1}{4}'' \times$
$1\frac{1}{4}''$. **$50**

Kondon's Nasal Jelly. Round flat, litho-
graph. $\frac{1}{4}'' \times 1\frac{1}{4}''$. **$5**

Larkin Orange Blossom. Vertical oval, lithograph. $2\frac{1}{4}'' \times 1\frac{1}{4}''$. **$50**

Luzier's. Vertical oval, lithograph. $2\frac{1}{4}'' \times 1\frac{1}{4}''$. **$15**

Man-Zan. Round flat, lithograph. $\frac{1}{4}'' \times 1''$. **$10**

Lilas De France. Vertical oval, lithograph. $2\frac{1}{4}'' \times 1\frac{1}{4}''$. **$35**

Massatta. Vertical rectangular, lithograph. 2″ × 1¼″ × ¾″. **$35**

Mennen's Sen-Yang. Vertical round, lithograph. 1¾″ × 1″. **$35**

Mennen's Borated. Vertical round, lithograph. 1¾″ × 1″. **$50**

Mennen's Sen-Yang. Vertical oval, lithograph. 2¼″ × 1¼″. **$30**

Mennen's Sen-Yang. Vertical oval, lithograph. $2\frac{1}{4}'' \times 1\frac{1}{4}''$. **$40**

Mennen Talcum for Men. Vertical oval, lithograph. $2\frac{1}{4}'' \times 1\frac{1}{4}''$. **$22**

Mennen Talcum. Round flat, lithograph. $\frac{1}{2}'' \times 1''$. **$10**

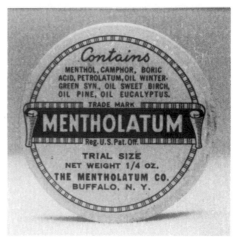

Mentholatum. Round flat, lithograph. $\frac{1}{4}'' \times 1\frac{1}{2}''$. **$10**

117

Mentholatum. Round flat, lithograph. $\frac{1}{4}''$ × 1″. **$12**

Milkweed Cream. Flat round, lithograph. $\frac{3}{8}''$ × 1″. **$15**

Mirelle. Vertical oval, lithograph. $2\frac{1}{4}''$ × $1\frac{1}{4}''$. **$30**

Mulford's. Vertical oval, lithograph. $2\frac{1}{4}''$ × $1\frac{1}{4}''$. **$35**

Natoma. Vertical oval, lithograph. $2\frac{1}{4}'' \times 1\frac{1}{4}''$. **$100**

P-Kay Dental Plate Kleen. Vertical oval, lithograph. $2\frac{1}{4}'' \times 1\frac{1}{4}''$. **$20**

Nelson's Hair Dressing. Flat rectangular, lithograph. $\frac{3}{8}'' \times 1'' \times 2''$. **$35**

Palmer. Vertical oval, lithograph. $2\frac{1}{4}'' \times 1\frac{1}{4}''$. **$22**

Peau-Doux Styptic Powder. Vertical oval, lithograph. $2\frac{1}{4}'' \times 1\frac{1}{4}''$. **$30**

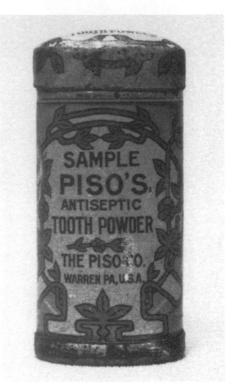

Piso's Tooth Powder. Vertical oval, lithograph. $1\frac{7}{8}'' \times \frac{7}{8}''$. **$20**

Penetro. Round flat, lithograph. $\frac{3}{8}'' \times 1\frac{5}{8}''$. **$12**

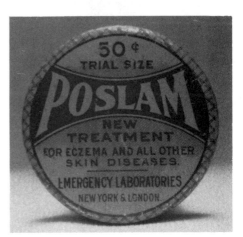

Poslam. Round flat, lithograph. $\frac{5}{8}'' \times 1\frac{5}{8}''$. **$5**

120

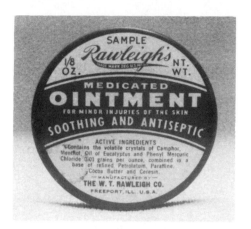

Rawleigh's Ointment. Round flat, lithograph. $\frac{1}{4}'' \times 1\frac{1}{4}''$. **$10**

Regs Laxative. Flat square, lithograph. $\frac{3}{8}''$ $\times 1\frac{3}{4}''$. **$12**

Rawleigh's Tooth Powder. Vertical round, lithograph. $4\frac{3}{4}'' \times 1\frac{3}{4}''$. **$10**

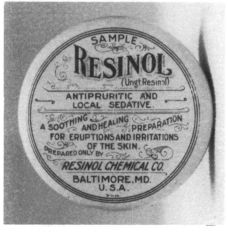

Resinol Salve. Round flat, lithograph. $\frac{5}{8}''$ $\times 1\frac{3}{4}''$. **$10**

Rexall Violet Talcum. Vertical oval, lithograph. $2\frac{1}{4}''\times 1\frac{1}{4}''$. **$30**

S.S. White. Vertical oval, lithograph. $2\frac{1}{4}''$ $\times$ $1\frac{1}{4}''$. **$30**

Riker's Violet Excelsis. Vertical oval, lithograph. $2\frac{1}{4}''\times 1\frac{1}{4}''$. **$50**

Sanitol. Vertical oval, lithograph. $2\frac{1}{4}''$ $\times$ $1\frac{1}{4}''$. **$50**

Shinola Shoe Polish. Round flat, lithograph. 1″ × 2″. **$18**

Sylvan. Vertical oval, lithograph. 2¼″ × 1¼″. **$35**

Squibb's. Vertical round, lithograph. 2¼″ × 1″. **$30**

Tangee Rouge Compact. Round flat, lithograph. $\frac{1}{4}'' \times 1\frac{1}{4}''$. **$12**

Taylor's Valley Violet. Vertical oval, lithograph. $2\frac{1}{4}'' \times 1\frac{1}{4}''$. **$30**

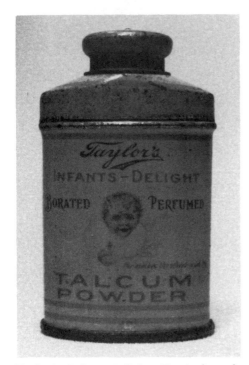

Taylor's Infants-Delight. Vertical oval, lithograph. $2\frac{1}{4}'' \times 1\frac{1}{4}''$. **$100**

Vantine's Kutch. Vertical rectangular, lithograph. $2'' \times 1\frac{1}{4}'' \times \frac{3}{4}''$. **$60**

Vantine's Sana-Dermal. Vertical oval, lithograph. $2'' \times 1\frac{1}{8}''$. **$250**

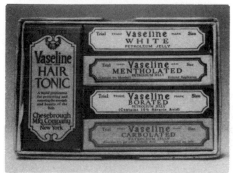

Vaseline Products trial box. Rectangular flat, cardboard. $\frac{3}{4}'' \times 4\frac{1}{4}'' \times 3''$. **$15**

Vicks. Round flat, lithograph. $\frac{1}{4}'' \times 1\frac{5}{8}''$. **$12**

Vicks. Round flat, lithograph. $\frac{1}{4}'' \times 1\frac{5}{8}''$. **$12**

Violet Dulce. Vertical oval, lithograph. $2\frac{1}{4}''$ $\times$ $1\frac{1}{4}''$. **$18**

Violet Talcum Brut. Vertical oval, lithograph. $2\frac{1}{4}'' \times 1\frac{1}{4}''$. **$35**

Violet Dulce. Vertical oval, lithograph. $2\frac{1}{4}''$ $\times$ $1\frac{1}{4}''$. **$20**

Violet Sec. Vertical oval, lithograph. $2\frac{1}{4}''$ × $1\frac{1}{4}''$. **$30**

Williams' Baby Talc. Vertical oval, lithograph. $2\frac{1}{4}''$ × $1\frac{1}{4}''$. **$40**

Wernet's. Vertical oval, lithograph. $2\frac{1}{4}''$ × $1\frac{1}{4}''$. **$10**

Williams' Carnation. Vertical oval, lithograph. $2\frac{1}{4}''$ × $1\frac{1}{4}''$. **$30**

Williams' English Lilac. Vertical oval, lithograph. $2\frac{1}{4}'' \times 1\frac{1}{4}''$. **$30**

Williams' English Lilac. Vertical oval, lithograph. $2\frac{1}{4}'' \times 1\frac{1}{4}''$. **$30**

Williams' Karsi. Vertical oval, lithograph. $2\frac{1}{4}'' \times 1\frac{1}{4}''$. **$30**

Williams' La Tosca. Vertical oval, lithograph. $2\frac{1}{4}'' \times 1\frac{1}{4}''$. **$30**

Williams' La Tosca. Vertical oval, lithograph. $2\frac{1}{4}'' \times 1\frac{1}{4}''$. **$30**

Williams' Shaving Powder. Vertical round, lithograph. $\frac{7}{8}'' \times 1''$. **$20**

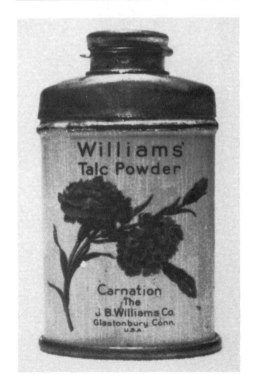

Williams' Talc Powder. Vertical oval, lithograph. $2\frac{1}{4}'' \times 1\frac{1}{4}''$. **$30**

Williams' Violet. Vertical round, lithograph. $\frac{3}{4}'' \times 1''$. **$35**

Woodworth's. Vertical oval, lithograph. $2\frac{1}{4}'' \times 1\frac{1}{4}''$. **$20**

Shaving Products

American Gem Safety Razor. Flat rectangular, lithograph. $\frac{3}{8}'' \times 2\frac{1}{4}'' \times 1\frac{1}{4}''$. **$15**

Barbasol Shaving Powder. Vertical square, lithograph. $6\frac{1}{2}'' \times 1\frac{1}{2}'' \times 1\frac{1}{2}''$. **$10**

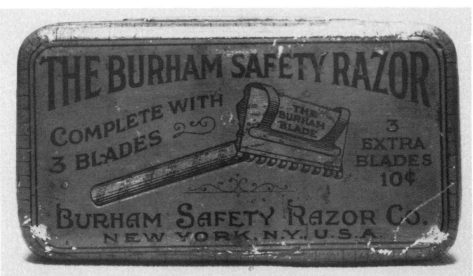

Burham Safety Razor. Flat rectangular, lithograph. $\frac{7}{8}'' \times 3\frac{1}{2}'' \times 1\frac{7}{8}''$. **$12**

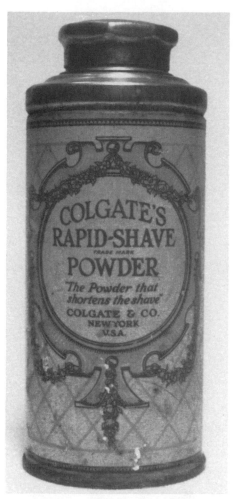

Erasmic Shaving Stick. Vertical round, lithograph. $3\frac{1}{4}'' \times 1\frac{3}{8}''$. **$10**

Colgate's Rapid-Shave. Vertical round, lithograph. $4'' \times 1\frac{3}{4}''$. **$15**

Friedmann & Lauterjung's. Flat rectangular, lithograph. $\frac{1}{2}'' \times 6\frac{1}{2}'' \times 1\frac{1}{4}''$. **$25**

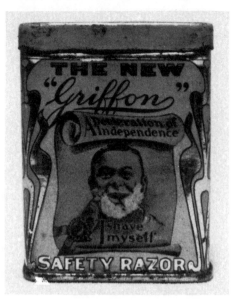

Griffon Safety Razor. Vertical rectangular, lithograph. $2\frac{1}{4}'' \times 1\frac{3}{4}'' \times 1\frac{1}{4}''$. **$60**

Imperial Shaving Stick. Vertical round, lithograph. $3\frac{3}{8}'' \times 1\frac{1}{2}''$. **$50**

Jaybra Shaving Powder. Vertical round, lithograph. $4\frac{1}{4}'' \times 3''$. **$25**

Par After-Shave Powder. Vertical oval, lithograph. $5\frac{3}{4}'' \times 2\frac{1}{4}''$. **$60**

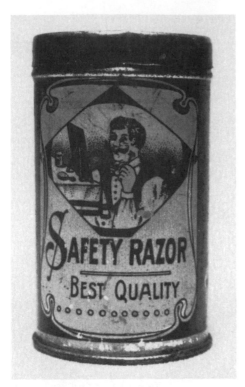

Safety Razor Best Quality. Vertical round, lithograph. $2\frac{1}{2}'' \times 1\frac{3}{8}''$. **$35**

Star Safety Razor. Vertical round, lithograph. $2\frac{1}{2}'' \times 1\frac{3}{8}''$. **$45**

Star Safety Razor. Vertical rectangular, lithograph. $1\frac{3}{4}'' \times 2\frac{1}{2}'' \times 1\frac{5}{8}''$. **$20**

Star Safety Razor. Vertical round, lithograph. $2\frac{1}{2}'' \times 1\frac{3}{8}''$. **$25**

Star Safety Razor. Flat rectangular, lithograph. $\frac{3}{8}'' \times 2\frac{1}{4}'' \times 1\frac{1}{4}''$. **$12**

Star Safety Razor. Flat rectangular, lithograph. $\frac{3}{8}'' \times 2\frac{1}{4}'' \times 1\frac{1}{4}''$. **$15**

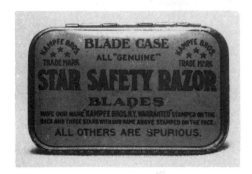

Star Safety Razor. Flat rectangular, lithograph. $\frac{3}{8}'' \times 1\frac{7}{8}'' \times 1\frac{1}{4}''$. **$12**

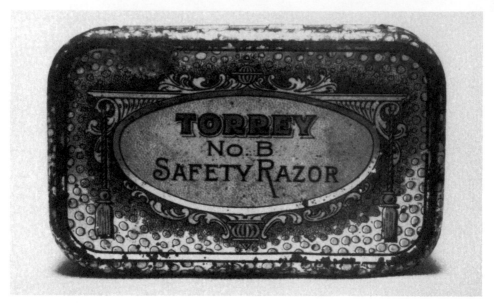

Torrey Safety Razor. Flat rectangular, lithograph. $1\frac{1}{8}'' \times 3\frac{1}{2}'' \times 2\frac{1}{4}''$. **$20**

Yankee Safety Razor. Vertical rectangular, lithograph. $1\frac{1}{2}'' \times 2\frac{1}{2}'' \times 1\frac{3}{4}''$. **$40**

Winner Safety Razor. Vertical round, lithograph. $2\frac{3}{8}'' \times 1\frac{3}{8}''$. **$60**

Yankee Safety Razor. Flat rectangular, lithograph. $\frac{3}{8}'' \times 2\frac{1}{4}'' \times 1\frac{1}{4}''$. **$12**

Shoe Care

American Polish Company. Round flat,
lithograph. 1″ × 3½″. **$20**

Barton's Shoe Paste. Round flat, lithograph. 1″ × 3″. **$8**

Bixby's Satinola. Round flat, lithograph. $\frac{5}{8}$″ × $2\frac{1}{4}$″. **$25**

Betsy Ross Shoe Polish. Round flat, lithograph. 1″ × 3″. **$12**

Black Beauty Shoe Polish. Flat round, lithograph. $\frac{7}{8}$″ × $2\frac{7}{8}$″. **$15**

Black Cat Leather Preserver. Flat round, lithograph. $\frac{7}{8}$″ × $3\frac{1}{8}$″. **$100**

C.E. Johnson & Co. Round flat, lithograph. $\frac{3}{4}'' \times 1\frac{3}{4}''$. **$12**

Dan's Waterproof Polish. Round flat, lithograph. $1\frac{1}{8}'' \times 3''$. **$8**

Cherry Blossom Boot Polish. Round flat, lithograph. $\frac{5}{8}'' \times 2\frac{1}{4}''$. **$12**

Chieftain Shoe Polish. Round flat, lithograph. $1\frac{1}{4}'' \times 3''$. **$10**

Eagle Brand Dry Cleaner. Vertical round, lithograph. $5'' \times 2\frac{1}{2}''$. **$30**

Griffin Grifola. Round flat, lithograph. $\frac{5}{8}''$ $\times 1\frac{5}{8}''$. **$10**

"Just Out" Boot Polish. Round flat, lithograph. $\frac{7}{8}'' \times 3\frac{1}{8}''$. **$65**

Ermino Shoe Cleaner. Round flat, lithograph. $1\frac{1}{4}'' \times 2\frac{7}{8}''$. **$10**

Herriott's Shoe Cleaner. Round flat, lithograph. $1'' \times 3''$. **$15**

Liberty Shoe Polish. Round flat, lithograph. 1″ × 3″. **$20**

Major Shoe Polish. Round flat, lithograph. 1¼″ × 3½″. **$10**

Lincoln Shoe Polish. Round flat, lithograph. 1⅛″ × 3½″. **$25**

Marathon Shoe Polish. Round flat, lithograph. 1″ × 3½″. **$10**

MacPherson Shoe Polish. Round flat, lithograph. 1″ × 3″. **$12**

Moor Boot Polish. Round flat, lithograph.
$\frac{3}{4}'' \times 2\frac{1}{2}''$. **$10**

Neatslene Shoe Grease. Round flat, lithograph. $1'' \times 3''$. **$10**

Neat Foot Shoe Dressing. Round flat, lithograph. $1'' \times 3''$. **$8**

Patrol Boot Polish. Round flat, lithograph. $\frac{3}{4}'' \times 2\frac{1}{2}''$. **$10**

Pecard Shoe Dressing. Round flat, lithograph. $1\frac{1}{4}'' \times 3\frac{1}{2}''$. **$15**

Perfect High Shine Shoe Polish. Round flat, lithograph. $\frac{5}{8}'' \times 1\frac{3}{4}''$. **$8**

Quitone Boot Polish. Round flat, lithograph. $\frac{7}{8}'' \times 2\frac{7}{8}''$. **$8**

Polyshine Shoe Polish. Round flat, lithograph. $1'' \times 2\frac{1}{2}''$. **$12**

Tudor Shoe Polish. Round flat, lithograph. $1'' \times 2\frac{3}{4}''$. **$8**

Propert's Leather Soap. Round flat, lithograph. $1\frac{3}{8}'' \times 3\frac{1}{8}''$. **$15**

Two In One Polish. Round flat, lithograph. $\frac{5}{8}'' \times 1\frac{3}{4}''$. **$8**

Vanity Shoe Polish. Round flat, lithograph. $1\frac{1}{4}'' \times 3''$. **$15**

Uncle Sam Shoe Polish. Round flat, lithograph. $1'' \times 2\frac{1}{4}''$. **$25**

Vera Patent Cream Shoe Polish. Round flat, lithograph. $\frac{3}{4}'' \times 1\frac{3}{4}''$. **$8**

Union Polishing Paste. Round flat, lithograph. $1'' \times 3\frac{1}{2}''$. **$10**

Whale Amber Leather Dressing. Round flat, lithograph. $1'' \times 3''$. **$12**

Sundries

Acme Adhesive Tape. Round flat, litho-
graph. $1'' \times 1\frac{1}{8}''$. **$5**

Alice Wunder (skin cleanser). Vertical round, lithograph. 5″ × 2¼″. **$100**

Amami Bath Powder. Vertical round, lithograph. 6¼″ × 2½″. **$15**

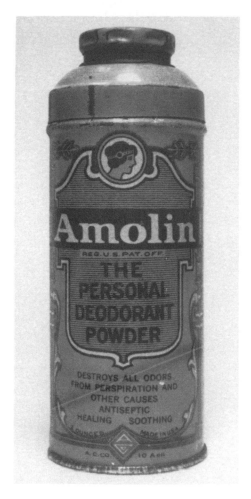

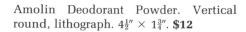

Amolin Deodorant Powder. Vertical round, lithograph. $4\frac{1}{2}'' \times 1\frac{3}{4}''$. **$12**

Automatic Marker Powder. Vertical oval, lithograph. $4'' \times 2\frac{1}{4}''$. **$12**

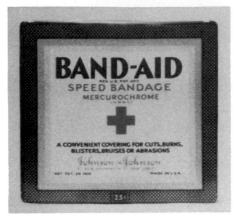

Band-Aid Speed Bandage. Rectangular flat, lithograph. $\frac{3}{8}'' \times 3\frac{1}{2}'' \times 3\frac{1}{4}''$. **$7**

Bay's Readi-Tapes. Round flat, lithograph. $\frac{3}{4}'' \times 2''$. **$4**

Bathasweet. Vertical oval, lithograph. $3\frac{3}{8}'' \times 1\frac{5}{8}''$. **$10**

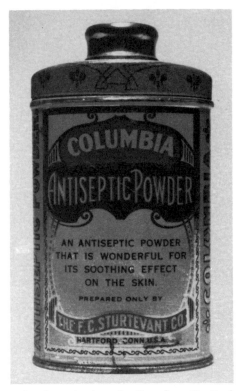

Columbia Antiseptic Powder. Vertical oval, lithograph. $4\frac{1}{2}'' \times 2\frac{1}{2}''$. **$10**

Dietzgen Thumb Tacks. Round flat, lithograph. $\frac{5}{8}'' \times 1\frac{1}{4}''$. **$8**

Dr. Palmer's. Vertical rectangular, lithograph. $3\frac{3}{4}'' \times 2'' \times 3''$. **$15**

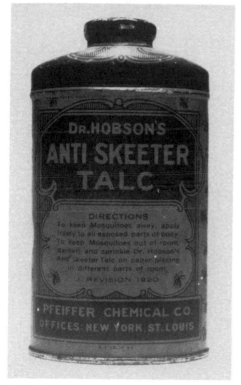

Dr. Hobson's. Vertical oval, lithograph. $4\frac{1}{2}'' \times 2\frac{1}{2}''$. **$20**

Little Warrior. Vertical rectangular, lithograph. $4'' \times 2\frac{3}{4}'' \times 1''$. **$10**

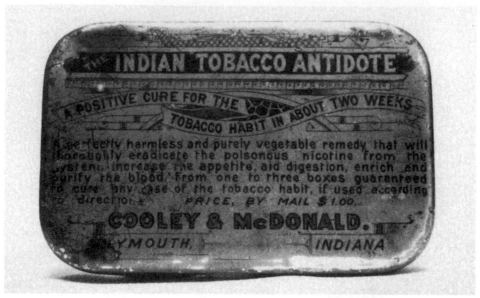

Indian Tobacco Antidote. Flat rectangular, lithograph. $\frac{5}{8}'' \times 3\frac{1}{2}'' \times 2\frac{1}{4}''$. **$20**

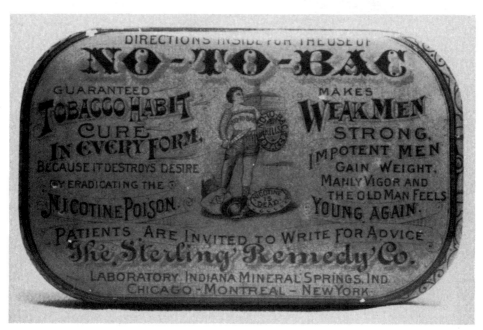

No-To-Bac. Flat rectangular, lithograph. $\frac{5}{8}'' \times 3\frac{3}{4}'' \times 2\frac{1}{4}''$. **$30**

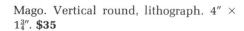

Mago. Vertical round, lithograph. 4″ × 1¾″. **$35**

Meritt. Vertical oval, lithograph. 4¾″ × 3″. **$10**

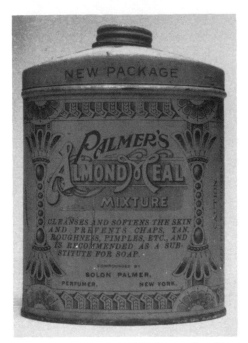

Palmer's. Vertical oval, lithograph. $4\frac{3}{4}'' \times 3\frac{1}{2}''$. **$10**

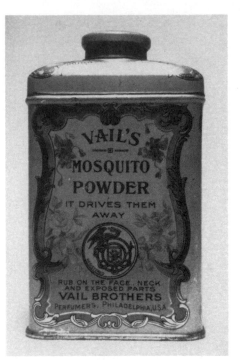

Vail's Mosquito Powder. Vertical rectangular, lithograph. $4\frac{3}{8}'' \times 2\frac{5}{8}'' \times 1\frac{1}{2}''$. **$15**

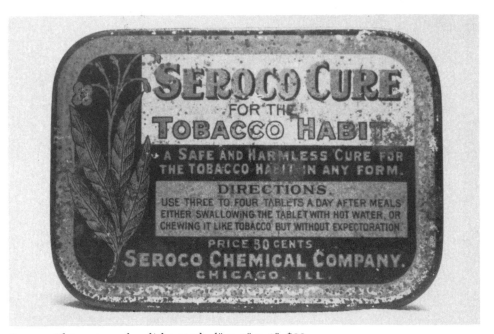

Seroco. Flat rectangular, lithograph. $\frac{1}{2}'' \times 3'' \times 2''$. **$20**

Wood's Improved Lollacapop. Flat rectangular, lithograph. $\frac{3}{4}'' \times 3\frac{1}{4}'' \times 1\frac{3}{4}''$. **$10**

Zanol Mosquito Powder. Vertical oval, lithograph. $5\frac{3}{8}'' \times 3''$. **$20**

Talcum Tins

A.D.S. Majestic Lilac. Vertical oval, lithograph. $4\frac{1}{2}'' \times 2\frac{1}{2}''$. **$20**

Air-Float. Vertical round, lithograph. 4¼″ × 1¾″. **$50**

Air-Float. Vertical oval, lithograph. 4½″ × 2½″. **$20**

Air-Float. Vertical oval, lithograph. $4\frac{1}{2}''\times$ $2\frac{5}{8}''$. **$15**

Alfred Wright (dome top). Vertical round, paper label. $5\frac{3}{4}''\times2\frac{5}{8}''$. **$20**

Air-Float. Vertical oval, lithograph. $4\frac{1}{2}''\times$ $2\frac{1}{2}''$. **$20**

Alfred Wright's. Vertical oval, lithograph. $4\frac{5}{8}'' \times 2\frac{1}{2}''$. **$15**

American Rose. Vertical round, paper label. $5\frac{1}{2}'' \times 3''$. **$45**

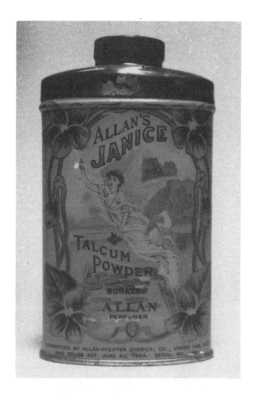

Allan's Janice. Vertical oval, lithograph. $4\frac{1}{2}'' \times 2\frac{1}{2}''$. **$135**

Aubry Sisters. Vertical oval, lithograph. $4\frac{1}{2}'' \times 2\frac{1}{2}''$. **$60**

B-B Talcum. Vertical oval, lithograph. $4\frac{1}{2}''$ $\times$ $2\frac{1}{2}''$. **$20**

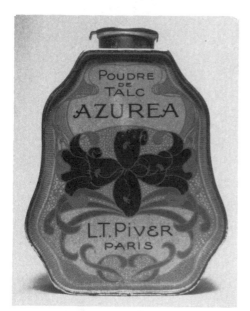

Azurea (odd shape). Lithograph. $4\frac{3}{8}'' \times 3\frac{1}{4}''$ $\times$ $1\frac{1}{4}''$. **$25**

B & B. Vertical oval, lithograph. $4\frac{1}{4}'' \times 3''$. **$50**

Baby's Balm. Vertical oval, lithograph. 5¼″ × 3⅛″. **$100**

Baby Mine. Vertical pyramid, lithograph. $5\frac{3}{8}'' \times 2\frac{3}{4}'' \times 1\frac{3}{4}''$. **$60**

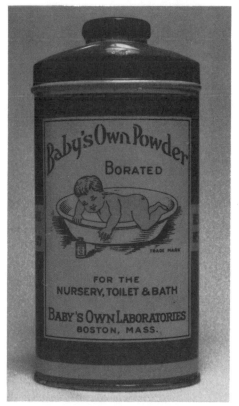

Baby's Own Powder. Vertical oval, lithograph. $5\frac{3}{8}'' \times 2\frac{5}{8}''$. **$25**

Baby Talc. Vertical oval, lithograph. 6″ × 2¼″. **$25**

Baby's Own Powder. Vertical round, lithograph. 4½″ × 2½″. **$15**

Baby Powder. Vertical oval, lithograph. 4″ × 3″. **$35**

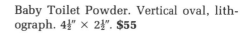

Baby Toilet Powder. Vertical oval, lithograph. $4\frac{1}{2}'' \times 2\frac{1}{2}''$. **$55**

Baker's. Vertical rectangular, lithograph.
$6'' \times 2\frac{1}{4}'' \times 1\frac{1}{4}''$. **$50**

Baker's. Vertical round, lithograph. $4\frac{1}{4}''$ × $1\frac{3}{4}''$. **$50**

Baker's. Vertical round, lithograph. $4''$ × $1\frac{3}{4}''$. **$75**

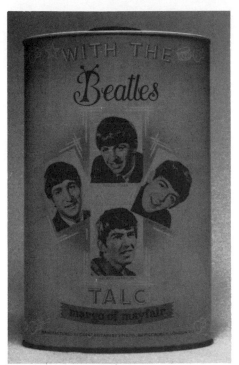

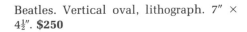
Beatles. Vertical oval, lithograph. 7″ × 4½″. **$250**

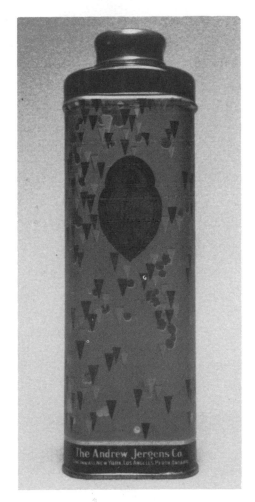

Ben Hur. Vertical rectangular, lithograph. 6″ × 2″ × 1½″. **$18**

Bigelow's. Vertical round, lithograph. 4″ × 1¾″. **$50**

Bismoline Toilet Powder. Vertical oval, lithograph. 4¼″ × 2½″. **$60**

Black and White. Vertical oval, lithograph. $4\frac{1}{2}'' \times 2\frac{1}{2}''$. **$20**

Blue Waltz. Vertical oval, lithograph. $5''$ $\times 1\frac{1}{2}''$. **$10**

Bo-Kay. Vertical oval, lithograph. $6\frac{3}{8}''$ × $2\frac{1}{4}''$. **$15**

Bonnie Babe. Vertical oval, lithograph. $4\frac{1}{2}''$ × $2\frac{1}{2}''$. **$65**

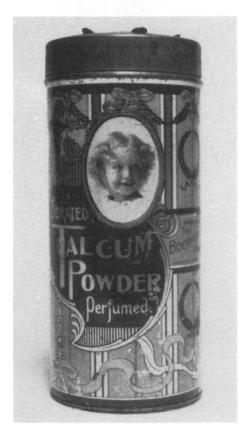

Borated. Vertical round, lithograph. $4'' \times 1\frac{3}{4}''$. **$50**

Bouquet Ramée. Vertical oval, lithograph. $5\frac{1}{4}'' \times 2\frac{3}{4}''$. **$10**

Brighton. Vertical oval, lithograph. $4\frac{1}{2}'' \times 2\frac{1}{2}''$. **$15**

Bryant's. Vertical round, lithograph. $4\frac{1}{2}'' \times 1\frac{3}{4}''$. **$50**

Butterfly. Vertical (odd shape), lithograph. $3\frac{3}{4}'' \times 4\frac{1}{4}'' \times 1\frac{1}{4}''$. **$25**

Buttermilk. Vertical oval, lithograph. $4\frac{1}{2}''$ × $2\frac{5}{8}''$. **$180**

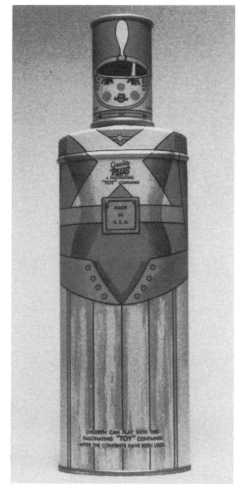

Cadette. Vertical oval, lithograph. $7\frac{3}{8}''$ × $2\frac{1}{4}''$. **$50**

California Baby Powder. Vertical round, lithograph. 4″ × 1¾″. **$100**

Carlton's. Vertical round, lithograph. 4″ × 1¾″. **$160**

Castolay. Vertical oval, lithograph. 3½″ × 4¼″. **$20**

Chamberlain's. Vertical oval, lithograph. $4\frac{1}{2}''$ × $2\frac{1}{2}''$. **$20**

Celestia. Vertical square, lithograph. $6\frac{1}{2}''$ × $1\frac{1}{2}''$ × $1\frac{1}{2}''$. **$12**

Cherry Blossom. Vertical round, lithograph. $2\frac{1}{4}''$ × $2\frac{5}{8}''$. **$10**

Chickadee. Vertical oval, lithograph. $5\frac{3}{4}''$ × $2\frac{1}{4}''$. **$125**

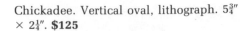

Cho Cho San. Vertical rectangular, lith-ograph. $4\frac{1}{4}''$ × $2\frac{3}{4}''$ × $1\frac{1}{2}''$. **$50**

180

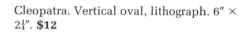
Cleopatra. Vertical oval, lithograph. 6″ × 2¼″. **$12**

Clinton's. Vertical oval, lithograph. 4″ × 2½″. **$50**

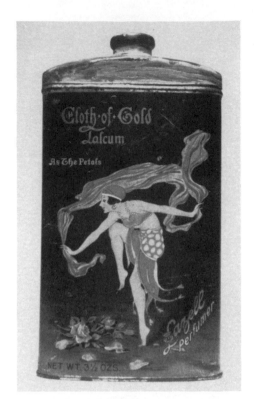

Cloth of Gold. Vertical oval, lithograph.
$5\frac{3}{4}'' \times 3''$. **$12**

Cloverine. Vertical oval, lithograph. $4\frac{1}{2}''$
$\times 2\frac{1}{2}''$. **$100**

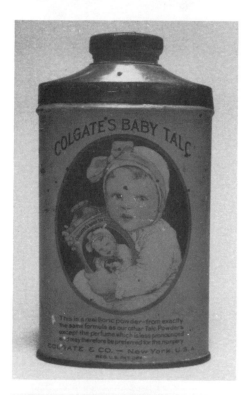

Colgate's Baby Talc. Vertical oval, lithograph. $4\frac{3}{4}'' \times 2\frac{1}{2}''$. **$35**

Colgate's Dactylis. Vertical oval, lithograph. $4\frac{5}{8}'' \times 2\frac{1}{2}''$. **$25**

Colgate's La France Rose. Vertical oval, lithograph. $4\frac{1}{2}'' \times 2\frac{1}{2}''$. **$20**

Colgate's Monad. Vertical oval, lithograph. $4\frac{5}{8}'' \times 2\frac{1}{2}''$. **$20**

Colonial Club. Vertical rectangular, lithograph. $6'' \times 2'' \times 1\frac{1}{2}''$. **$15**

Comfort Powder. Vertical round, lithograph. $3\frac{3}{8}'' \times 2''$. **$120**

CPC Bath Powder. Vertical oval, lithograph. $4\frac{3}{8}'' \times 2\frac{1}{4}''$. **$50**

CPC Baby Powder. Vertical round, lithograph. $4\frac{1}{2}'' \times 1\frac{3}{4}''$. **$100**

CPC Trailing Arbutus. Vertical pyramid, lithograph. $5'' \times 3''$. **$50**

Corylopsis. Vertical rectangular, lithograph. $4\frac{1}{2}'' \times 2\frac{5}{8}'' \times 1\frac{1}{2}''$. **$25**

C.R. Bailey's. Vertical round, lithograph. $4\frac{1}{4}'' \times 1\frac{3}{4}''$. **$50**

Corylopsis. Vertical oval, lithograph. $4\frac{1}{2}'' \times 2\frac{1}{2}''$. **$25**

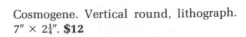
Cosmogene. Vertical round, lithograph. 7″ × 2¼″. **$12**

Country Club Violet. Vertical oval, lithograph. 5½″ × 2⅞″. **$45**

Cream of Milk. Vertical oval, lithograph. $5\frac{1}{4}'' \times 2\frac{1}{2}''$. **$35**

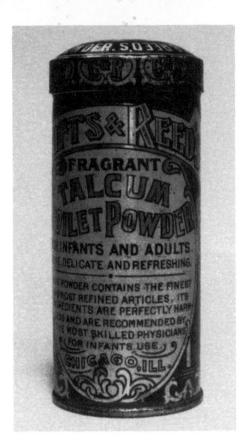

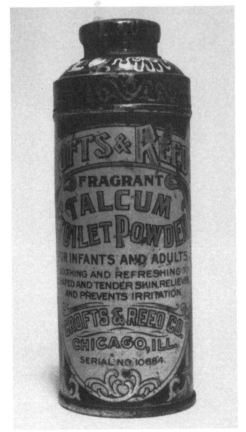

Croft's & Reed's. Vertical round, lithograph. 4″ × 1¾″. **$50**

Croft's & Reed's. Vertical round, lithograph. 4½″ × 1¾″. **$20**

Crown. Vertical oval, lithograph. $4\frac{1}{2}''$ × $2\frac{1}{2}''$. **$25**

Crystal Violet. Vertical oval, lithograph. $4\frac{5}{8}''$ × $2\frac{1}{2}''$. **$15**

Cuticura. Vertical oval, lithograph. $3\frac{3}{4}''\times 2\frac{1}{4}''$. **$50**

Diddymen. Vertical oval, lithograph. $4\frac{3}{4}'' \times 3''$. **$12**

Dixie. Vertical pyramid, lithograph. $5'' \times 2\frac{1}{2}'' \times 1\frac{3}{4}''$. **$100**

Donald's. Vertical round, lithograph. 4″
× 1¾″. **$20**

Dorothy Compound. Vertical round, lithograph. 4″ × 1¾″. **$100**

193

Dorothy Vernon. Vertical oval, lithograph. $4\frac{1}{2}'' \times 2\frac{1}{2}''$. **$110**

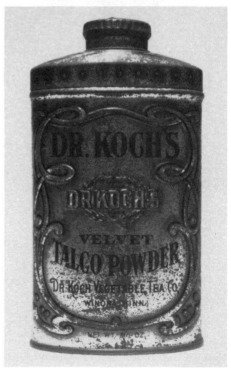

Dr. Koch's. Vertical oval, lithograph. $4\frac{1}{2}'' \times 2\frac{1}{2}''$. **$15**

Dr. Lane's. Vertical oval, lithograph. 6″ × 2¼″. **$20**

Dr. Lanls. Vertical oval, lithograph. 4½″ × 2½″. **$25**

Dr. Sayman's. Vertical round, lithograph.
5″ × 2¼″. **$25**

Duska. Vertical oval, lithograph. 5⅝″ × 3″.
$10

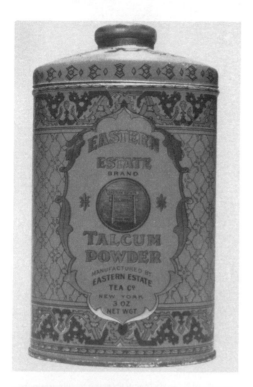

Eastern Estate. Vertical oval, lithograph. $5\frac{1}{4}'' \times 3''$. **$15**

Eastern Estate Tea Company. Vertical oval, lithograph. $5\frac{3}{8}'' \times 3''$. **$25**

Éclat. Vertical oval, lithograph. $4\frac{5}{8}'' \times 2\frac{1}{2}''$.
$12

Egyptian Bouquet. Vertical pyramid, lithograph. $5\frac{1}{2}'' \times 2\frac{3}{4}'' \times 1\frac{3}{4}''$. **$25**

Eleasia Idéal. Vertical oval, lithograph.
$4\frac{1}{2}'' \times 2\frac{1}{2}''$. **$50**

Etoile de France. Vertical round, litho-
graph. $5\frac{1}{2}'' \times 2''$. **$25**

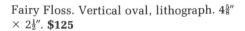

Fairy Floss. Vertical oval, lithograph. $4\frac{5}{8}''$ × $2\frac{1}{2}''$. **$125**

Faultless. Vertical round, lithograph. $4''$ × $1\frac{3}{4}''$. **$50**

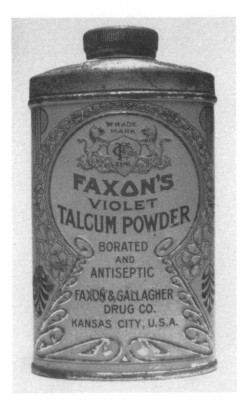

Field Violets. Vertical rectangular, lithograph. $4\frac{3}{8}'' \times 2\frac{5}{8}'' \times 1\frac{1}{2}''$. **$15**

Faxon's. Vertical oval, lithograph. $4\frac{1}{2}'' \times 2\frac{1}{2}''$. **$25**

Fehr's. Vertical oval, lithograph. $4'' \times 2\frac{1}{2}''$. **$25**

Finest. Vertical round, lithograph. 4″ ×
1¾″. **$50**

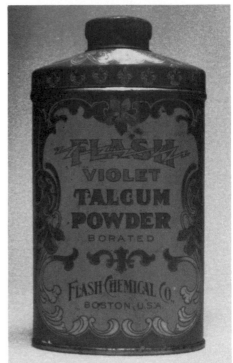

Flash. Vertical oval, lithograph. 4⅝″ × 2½″.
$20

Florasweet. Vertical rectangular, lithograph. $4\frac{3}{8}'' \times 2\frac{5}{8}'' \times 1\frac{1}{2}''$. **$10**

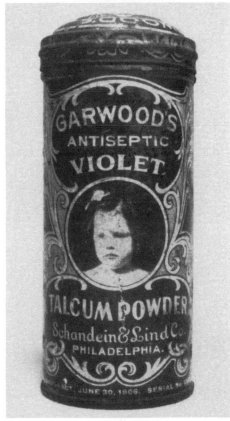

Garwood's. Vertical round, lithograph. $4''$ $\times 1\frac{3}{4}''$. **$60**

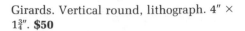
Girards. Vertical round, lithograph. 4″ ×
1¾″. **$50**

Goldthwaite. Vertical round, lithograph.
6″ × 2″. **$60**

Gosnell's Famora. Flat square, lithograph. $1\frac{3}{4}'' \times 3'' \times 3''$. **$35**

Harmony Carnation. Vertical oval, lithograph. $4\frac{1}{2}'' \times 2\frac{1}{2}''$. **$65**

Great Seal. Vertical oval, lithograph. $4\frac{1}{2}'' \times 2\frac{1}{2}''$. **$15**

Heberling's. Vertical oval, lithograph. $5\frac{1}{4}'' \times 3''$. **$25**

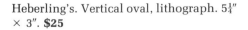

Heliotrope. Vertical oval, lithograph. $4\frac{1}{2}''$ × $2\frac{1}{2}''$. **$20**

H.G. Violet. Vertical oval, lithograph. $4\frac{1}{2}''$ × $2\frac{1}{2}''$. **$35**

High Brown. Vertical rectangular, lithograph. $4\frac{1}{4}'' \times 2\frac{1}{2}'' \times 1\frac{1}{2}''$. **$35**

Holman's Baby Powder. Vertical oval, lithograph. $4\frac{1}{2}'' \times 2\frac{1}{4}''$. **$50**

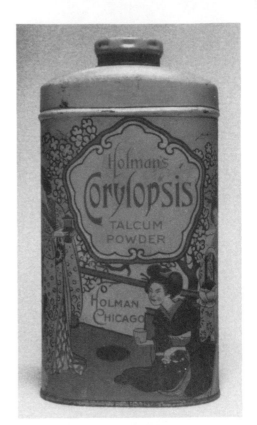

Holman's Corylopsis. Vertical oval, lithograph. 5¼″ × 2¾″. **$25**

Honey Girl. Vertical round, lithograph. 5¼″ × 3⅛″. **$65**

Honey Girl (dome top). Vertical round, lithograph. 6″ × 3¼″. **$75**

Household. Vertical round, lithograph. 4″ × 1¾″. **$50**

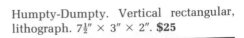

Humpty-Dumpty. Vertical rectangular, lithograph. $7\frac{1}{2}'' \times 3'' \times 2''$. **$25**

Hoyts Baby Talcum. Vertical round, lithograph. $5'' \times 2''$. **$35**

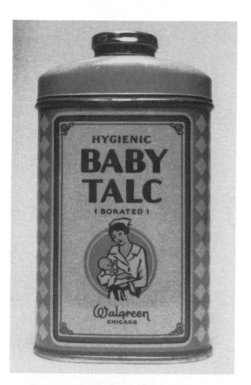

Hygienic Baby Talc. Vertical oval, lithograph. $4\frac{3}{4}'' \times 2\frac{3}{4}''$. **$20**

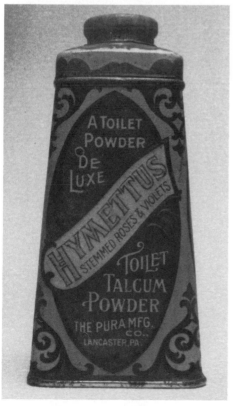

Hymettus. Vertical pyramid, lithograph. $5'' \times 2\frac{3}{8}'' \times 1\frac{7}{8}''$. **$30**

Imperial. Vertical oval, lithograph. $4\frac{1}{2}'' \times 2\frac{1}{2}''$. **$15**

Ilys. Vertical oval, lithograph. $4\frac{1}{2}'' \times 2\frac{1}{2}''$. **$50**

Imperial. Vertical oval, lithograph. $4\frac{1}{2}'' \times 2\frac{1}{2}''$. **$25**

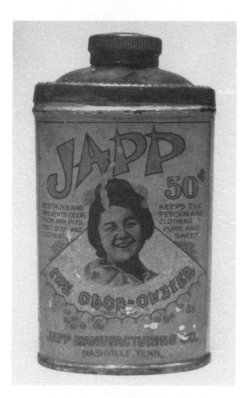

Japp. Vertical oval, lithograph. $4\frac{5}{8}'' \times 2\frac{1}{2}''$.
$20

Jap Rose. Vertical oval, lithograph. $4\frac{1}{2}'' \times 2\frac{1}{2}''$. **$25**

Jergens Crushed Violet. Vertical oval, lithograph. $3\frac{1}{2}'' \times 4\frac{1}{4}''$. **$18**

Jergens. Vertical oval, lithograph. $5\frac{1}{4}'' \times 3''$. **$25**

Jergens Miss Dainty. Vertical oval, lithograph. $4\frac{1}{2}'' \times 2\frac{1}{2}''$. **$85**

Jonteel. Vertical oval, lithograph. 6″ × 2½″.
$10

Juvenile. Vertical round, lithograph. 4½″
× 1¾″. **$35**

K-S. Vertical round, lithograph. $4'' \times 1\frac{3}{4}''$.
$55

Kirk's. Vertical oval, lithograph. $4\frac{3}{4}'' \times 2\frac{1}{2}''$.
$35

Kuco. Vertical round, lithograph. 5″ × 2″.
$45

Ladyfair (odd shape). Lithograph. $4\frac{1}{2}″$ ×
$2\frac{3}{4}″$ × $1\frac{1}{4}″$. **$60**

Lan-Fox. Vertical oval, lithograph. 4½″ × 2½″. **$50**

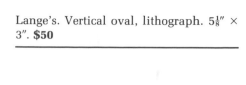

Lange's. Vertical oval, lithograph. 5⅛″ × 3″. **$50**

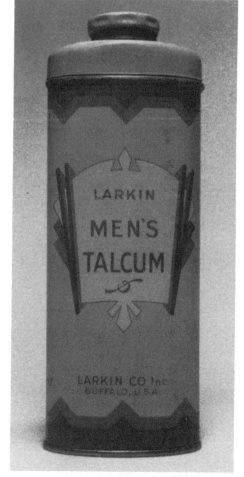

Larkin Men's Talcum. Vertical oval, lithograph. 6″ × 2¼″. **$10**

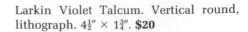

LaValliere Cherub. Vertical round, lithograph. $5\frac{1}{2}'' \times 2\frac{1}{2}''$. **$20**

LaValliere Gold Box Violet. Vertical round, lithograph. $5\frac{1}{2}'' \times 2\frac{5}{8}''$. **$20**

LeConde Corylopsis. Vertical oval, lithograph. $4\frac{5}{8}'' \times 2\frac{1}{2}''$. **$20**

LeConde Lilac. Vertical oval, lithograph. $4\frac{1}{2}'' \times 2\frac{1}{2}''$. **$20**

Lee's Princess. Vertical round, lithograph. $4'' \times 1\frac{3}{4}''$. **$20**

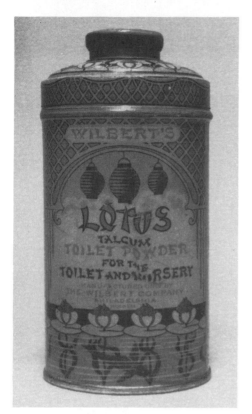

Lotus. Vertical oval, lithograph. $4\frac{1}{2}'' \times 2\frac{1}{4}''$.
$40

Loveland. Vertical round, lithograph. $4\frac{1}{4}''$
$\times 1\frac{3}{4}''$. **$50**

Lov'me. Vertical pyramid, lithograph. 5″ × 2½″. **$20**

Lucky Heart. Vertical rectangular, lithograph. 7½″ × 2½″ × 1⅜″. **$15**

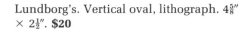

Lundborg's. Vertical oval, lithograph. $4\frac{5}{8}''$ × $2\frac{1}{2}''$. **$20**

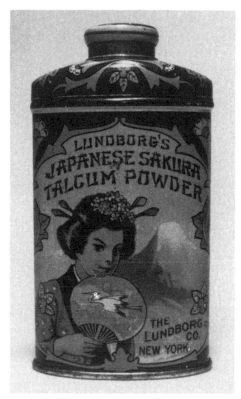

Lundborg's Talcum. Vertical oval, lithograph. $4\frac{5}{8}''$ × $2\frac{1}{2}''$. **$135**

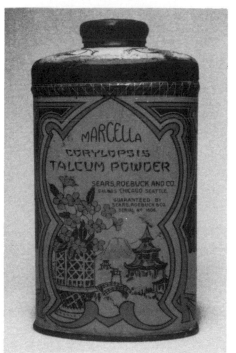

Marcella. Vertical oval, lithograph. $4\frac{1}{2}''$ × $2\frac{1}{2}''$. **$60**

Marcella. Vertical oval, lithograph. $4\frac{1}{2}'' \times$ $2\frac{1}{2}$. **$35**

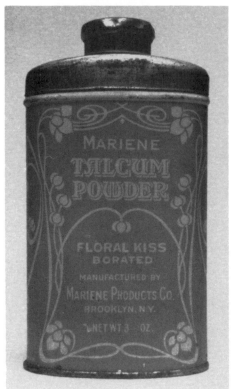

Mariene. Vertical oval, lithograph. $4\frac{5}{8}'' \times$ $2\frac{1}{2}$. **$15**

Maroc. Vertical round, lithograph. 5″ × 2″. **$20**

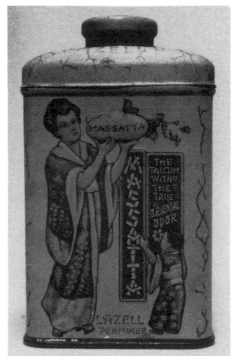

Massatta. Vertical rectangular, lithograph. $4\frac{1}{2}″ × 2\frac{5}{8}″ × 1\frac{1}{2}$. **$30**

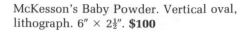
McKesson's Baby Powder. Vertical oval, lithograph. 6″ × 2½″. **$100**

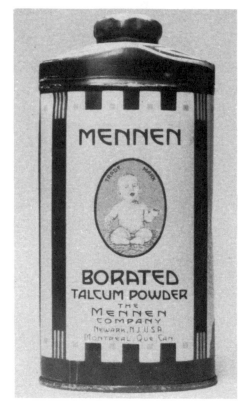

Mennen Borated. Vertical oval, lithograph. 5½″ × 2¾″. **$25**

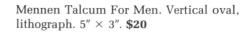
Mennen Talcum For Men. Vertical oval, lithograph. 5″ × 3″. **$20**

Mennen's. Vertical round, lithograph. 4″ × 1¾″. **$50**

Mennen's Flesh Tint. Vertical oval, lithograph. 5″ × 2⅝″. **$15**

Mennen's Toilet Powder. Vertical oval, lithograph. 4⅝″ × 2½″. **$60**

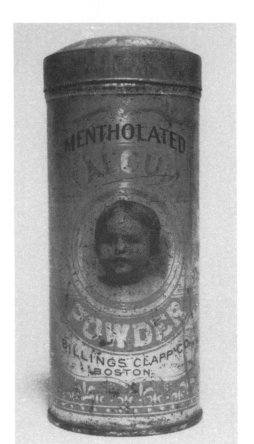

Mentholated. Vertical round, lithograph. 4″ × 1¾″. **$50**

Minty's Brise Charmante. Vertical oval, lithograph. 4½″ × 2½″. **$200**

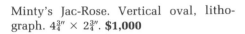
Minty's Jac-Rose. Vertical oval, lithograph. $4\frac{3}{4}'' \times 2\frac{3}{4}''$. **$1,000**

My Baby's. Vertical oval, lithograph. $6''$ $\times 2\frac{1}{4}''$. **$200**

Nadinola. Vertical oval, lithograph. $4\frac{1}{2}'' \times 2\frac{1}{2}''$. **$100**

Na-Dru-Co. Vertical oval, lithograph. $4\frac{1}{2}'' \times 2\frac{1}{2}''$. **$20**

Na-Dru-Co. Vertical oval, lithograph. $4\frac{3}{8}''$ × $2\frac{5}{8}''$. **$20**

Napolean. Vertical oval, lithograph. $4\frac{1}{2}''$ × $2\frac{1}{2}''$. **$65**

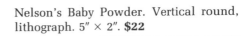
Nelson's Baby Powder. Vertical round, lithograph. 5″ × 2″. **$22**

Niagara. Vertical round, lithograph. 4¾″ × 2″. **$25**

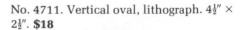
No. 4711. Vertical oval, lithograph. $4\frac{1}{2}'' \times 2\frac{1}{2}''$. **$18**

No-O-Dor. Vertical pyramid, lithograph. $5\frac{1}{2}'' \times 2'' \times 2''$. **$25**

Nylotis Baby Powder. Vertical rectangular, lithograph. $4\frac{3}{4}'' \times 2\frac{1}{4}''$. **$35**

Nylotis Rose. Vertical triangle, lithograph. $6'' \times 1\frac{5}{8}''$. **$15**

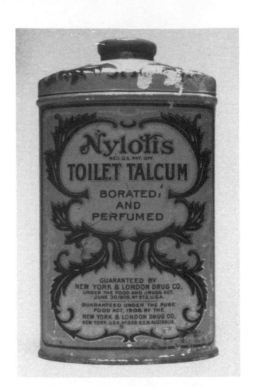

Nylotis. Vertical oval, lithograph. 5¼″ ×
3″. **$12**

Oakley's. Vertical oval, lithograph. 4½″ ×
2¼″. **$55**

Old English. Vertical round, lithograph. 4″ × 1¾″. **$110**

Orange Blossom. Vertical pyramid, lithograph. 5″ × 2½″ × 1⅞″. **$40**

Otto Rose. Vertical oval, lithograph. $4\frac{1}{2}''$ × $2\frac{5}{8}''$. **$30**

Oriole. Vertical oval, lithograph. $6'' \times 2\frac{1}{4}''$. **$20**

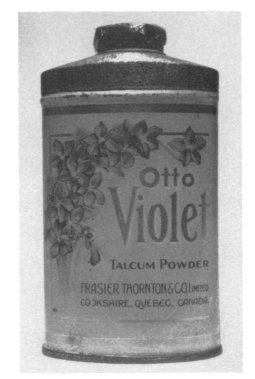

Otto Violet. Vertical oval, lithograph. $4\frac{3}{8}''$ × $2\frac{1}{2}''$. **$25**

Page Baby Talc. Vertical pyramid, lithograph. 5″ × 3″. **$25**

Page Wistaria. Vertical pyramid, lithograph. 5″ × 3″. **$15**

Page Lilac. Vertical pyramid, lithograph. 5″ × 3″. **$15**

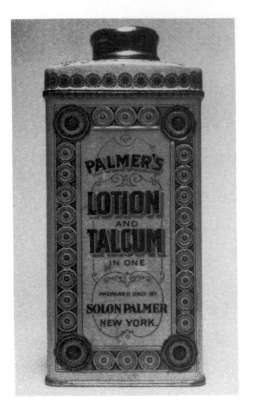

Palmer's. Vertical rectangular, lithograph. 5″ × 2¼″ × 1¼″. **$15**

Palmer's. Vertical round, lithograph. 4¼″ × 1¾″. **$50**

Palm Olive (odd shape). Lithograph. $3\frac{3}{4}''$ $\times$ $3\frac{3}{4}''$. **$1,500**

Pears's. Vertical round, lithograph. $3\frac{1}{8}''$ $\times$ $2\frac{1}{4}''$. **$10**

Palmolive. Vertical pyramid, lithograph. $5''$ $\times$ $2\frac{1}{2}''$ $\times$ $1\frac{3}{4}''$. **$30**

Perfumed. Vertical round, lithograph. 4″ × 1¾″. **$50**

Perfumed. Vertical round, lithograph. 4″ × 1¾″. **$50**

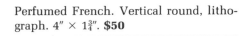
Perfumed French. Vertical round, lithograph. $4'' \times 1\frac{3}{4}''$. **$50**

Perfumed Violet. Vertical round, lithograph. $5'' \times 2\frac{1}{4}''$. **$50**

Peter Pan. Vertical diamond, lithograph. $5\frac{1}{4}'' \times 2\frac{1}{2}''$. **$50**

Pitkin's. Vertical oval, lithograph. $4\frac{1}{2}'' \times 2\frac{5}{8}''$. **$20**

Peter Rabbit. Vertical oval, lithograph. $3\frac{3}{4}'' \times 4\frac{1}{4}''$. **$50**

Po-Do. Vertical rectangular, lithograph. $4\frac{3}{8}'' \times 2\frac{1}{2}'' \times 1\frac{1}{2}''$. **$10**

Polvo Talco. Vertical pyramid, lithograph. $6\frac{1}{4}'' \times 3\frac{1}{2}''$. **$35**

Pompeïa. Trapezoidal, lithograph. $4\frac{1}{4}'' \times 3\frac{1}{4}''$. **$50**

Popular. Vertical round, lithograph. 4″ × 1¾″. **$50**

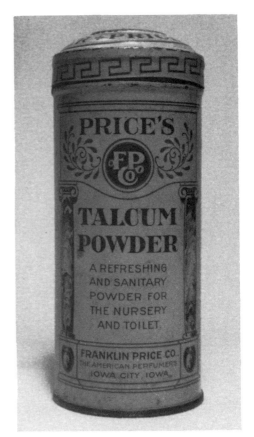

Price's. Vertical round, lithograph. 4″ × 1¾″. **$35**

Primavera. Vertical round, paper label. 6″ × 3⅛″. **$15**

Princess Violet. Vertical oval, lithograph. 4⅝″ × 2½″. **$30**

Pure Baby Powder. Vertical round, lithograph. 7¾″ × 2″. **$20**

Queen. Vertical oval, paper label. 5⅜″ × 3⅞″. **$15**

Rawleigh's Pan-Jang. Vertical oval, lithograph. 5″ × 3″. **$25**

Rambler Rose. Vertical oval, lithograph.
6″ × 2¼″. **$15**

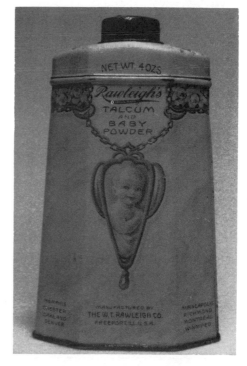

Rawleigh's. Vertical pyramid, lithograph.
5″ × 3″. **$20**

Rawleigh's. Vertical rectangular, lithograph. $7\frac{1}{2}'' \times 3'' \times 2''$. **$25**

Reel Man. Vertical oval, lithograph. $4\frac{5}{8}'' \times 3''$. **$50**

Remmers. Vertical oval, lithograph. $4\frac{5}{8}'' \times 2\frac{1}{2}''$. **$35**

Rexall Baby Talcum. Vertical oval, lithograph. 4½″ × 2⅝″. **$25**

Rose Pink. Vertical oval, lithograph. 4½″ × 2½″. **$35**

Rich's. Vertical oval, lithograph. 5″ × 3″. **$25**

Rose Saladin. Vertical pyramid, lithograph. $4\frac{7}{8}'' \times 2\frac{3}{8}'' \times 1\frac{7}{8}''$. **$20**

Royal. Vertical oval, lithograph. $4\frac{1}{4}'' \times 2\frac{1}{2}''$. **$50**

Royal. Vertical oval, lithograph. $4\frac{1}{2}'' \times 2\frac{1}{2}''$. **$50**

Royal. Vertical oval, lithograph. $4\frac{1}{2}'' \times 2\frac{1}{2}''$. **$175**

Royal Hudnutine. Vertical oval, lithograph. $5'' \times 2\frac{1}{2}''$. **$18**

Royal Italian. Vertical oval, paper label.
$4'' \times 2\frac{1}{2}''$. **$40**

Royale. Vertical oval, paper label. $5\frac{3}{8}'' \times 3\frac{7}{8}''$. **$15**

Royce's. Vertical rectangular, lithograph.
$4\frac{3}{8}'' \times 2\frac{1}{2}'' \times 1\frac{1}{2}''$. **$20**

Royce's. Vertical oval, lithograph. $4\frac{1}{2}''$ × $2\frac{1}{2}''$. **$60**

Sakura. Vertical oval, lithograph. $4\frac{1}{2}''$ × $2\frac{1}{2}''$. **$10**

Rupert. Vertical oval, lithograph. $4\frac{3}{4}''$ × $3\frac{1}{2}''$. **$20**

Samurai Corylopsis. Vertical round, cardboard. 6″ × 3¼″. **$25**

Sanitol. Vertical oval, lithograph. 4½″ × 2½″. **$12**

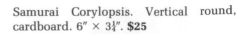

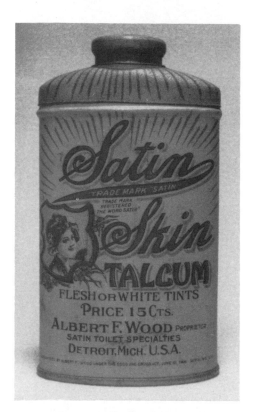

Satin Skin. Vertical oval, lithograph. $4\frac{5}{8}''$ × $2\frac{1}{2}''$. **$65**

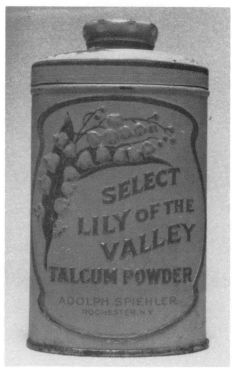

Select Lily of the Valley. Vertical oval, lithograph. $4\frac{1}{2}''$ × $2\frac{1}{2}''$. **$20**

Select Lily of the Valley. Vertical oval,
lithograph. $4\frac{1}{2} \times 2\frac{5}{8}''$. **$20**

Selick's. Vertical oval, lithograph. $4\frac{5}{8}'' \times$
$2\frac{5}{8}''$. **$50**

Smith's Rosebud. Vertical oval, lithograph. $4\frac{5}{8}'' \times 2\frac{1}{4}''$. **$55**

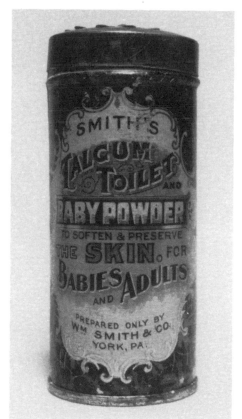

Smith's. Vertical round, lithograph. $4'' \times 1\frac{3}{4}''$. **$30**

Snow White. Vertical oval, lithograph. 5⅛″
× 3″. **$125**

Spooner's. Vertical oval, lithograph. 4½″
× 2¼″. **$25**

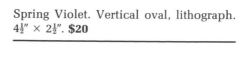

Spring Violet. Vertical oval, lithograph. $4\frac{1}{2}'' \times 2\frac{1}{2}''$. **$20**

Squibb's Bouquet. Vertical oval, lithograph. $6'' \times 2\frac{1}{4}''$. **$10**

Stearns Baby Powder. Vertical pyramid, lithograph. 5" × 3". **$60**

264

Stork Baby Powder. Vertical round, lithograph. $4\frac{1}{2}'' \times 2\frac{1}{8}''$. **$70**

Superior. Vertical round, lithograph. $4''$ × $1\frac{3}{4}''$. **$50**

Sweet Orchid. Vertical oval, lithograph. $5\frac{1}{4}'' \times 2\frac{1}{2}''$. **$25**

Sweet Violets. Vertical round, lithograph. $4\frac{1}{4}'' \times 1\frac{3}{4}''$. **$50**

Sykes Comfort Powder. Vertical oval, lithograph. 4″ × 2¼″. **$110**

Sykes Comfort Powder. Vertical oval, lithograph. 4¼″ × 1½″. **$100**

Sylvan Sandalwood. Vertical oval, lithograph. $4\frac{1}{2}'' \times 2\frac{1}{2}''$. **$20**

Talcolin. Vertical oval, lithograph. $4\frac{1}{2}'' \times 2\frac{1}{2}''$. **$100**

Talc Tokalon (odd shape). Lithograph. $4'' \times 3\frac{7}{8}'' \times 1\frac{1}{4}''$. **$30**

Talcum Toilet and Baby Powder. Vertical round, lithograph. 4″ × 1¾″. **$30**

Tally-Ho. Vertical oval, lithograph. 4½″ × 2¾″. **$35**

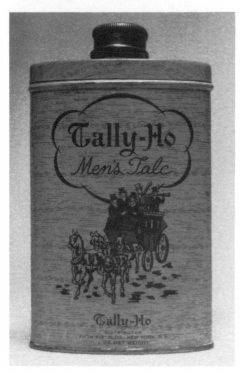

Tally-Ho. Vertical oval, lithograph. $4\frac{3}{4}'' \times 2\frac{3}{4}''$. **$20**

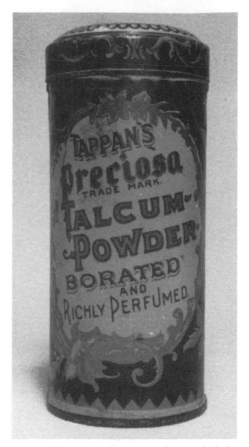

Tappan's Preciosa. Vertical round, lithograph. $4'' \times 1\frac{3}{4}''$. **$50**

Tetlow's. Vertical (odd shape), lithograph. $3\frac{1}{4}'' \times 4\frac{1}{2}'' \times 1\frac{3}{8}''$. **$20**

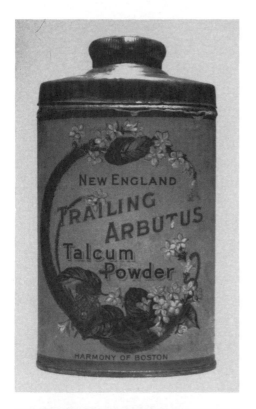

Trailing Arbutus. Vertical oval, lithograph. $4\frac{3}{4}'' \times 2\frac{1}{2}''$. **$20**

Trailing Arbutus. Vertical oval, lithograph. $4\frac{1}{2}'' \times 2\frac{1}{2}''$. **$10**

Vantine's. Vertical rectangular, lithograph. $4\frac{1}{2}'' \times 2\frac{1}{2}'' \times 1\frac{1}{2}''$. **$50**

Vantine's Sana-Dermal. Vertical oval, lithograph. $5'' \times 2\frac{1}{2}''$. **$40**

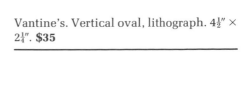

Vantine's. Vertical oval, lithograph. $4\frac{1}{2}''$ × $2\frac{1}{4}''$. **$35**

Velvetina. Vertical oval, lithograph. $5''$ × $2\frac{1}{4}''$. **$35**

Velvet-Skin Powder. Vertical oval, lithograph. $4\frac{1}{2}'' \times 2\frac{1}{2}''$. **$25**

Violet Borated. Vertical round, lithograph. $3\frac{3}{4}'' \times 1\frac{3}{4}''$. **$50**

Violet Borated. Vertical round, lithograph. $4'' \times 1\frac{3}{4}''$. **$65**

Violet Bouquet. Vertical oval, lithograph. $4\frac{5}{8}'' \times 2\frac{5}{8}''$. **$35**

Violet of the Nile. Vertical oval, lithograph. 6″ × 2¼″. **$10**

Violet. Vertical oval, lithograph. 4⅝″ × 2½″. **$12**

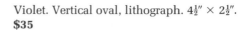
Violet. Vertical oval, lithograph. $4\frac{1}{2}'' \times 2\frac{1}{2}''$. **$35**

Violet Talcum. Vertical oval, lithograph. $4\frac{3}{4}'' \times 2\frac{1}{2}''$. **$145**

Vitogenized. Vertical oval, lithograph. $4\frac{1}{2}''$ $\times 2\frac{5}{8}''$. **$10**

Vogue Royale. Vertical oval, lithograph.
$4\frac{3}{4}''\times 2\frac{1}{2}''$. **$35**

Voice of the Flowers. Vertical round, pa-
per label. $5''\times 2\frac{3}{8}''$. **$10**

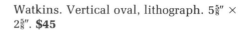

Watkins. Vertical oval, lithograph. $5\frac{5}{8}''$ × $2\frac{5}{8}''$. **$45**

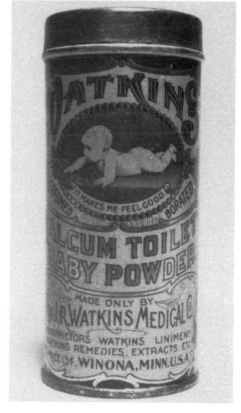

Watkins. Vertical round, lithograph. $4''$ × $1\frac{3}{4}''$. **$120**

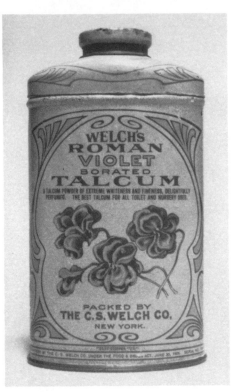

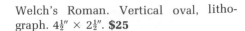
Welch's Roman. Vertical oval, lithograph. $4\frac{1}{2}'' \times 2\frac{1}{2}''$. **$25**

Weyer's 3 Roses. Vertical rectangular, lithograph. $7\frac{1}{2}'' \times 3\frac{1}{8}'' \times 2''$. **$10**

White Swan. Vertical oval, lithograph. 8″ × 2⅝″. **$20**

Wild Rose. Vertical round, cardboard. 6¾″ × 3¼″. **$15**

Williams. Vertical oval, lithograph. 5″ × 2¾″. **$10**

Wing's. Vertical round, lithograph. 4″ × 1¾″. **$100**

Williams'. Vertical oval, lithograph. 4″ × 2¼″. **$20**

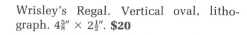
Wrisley's Regal. Vertical oval, lithograph. $4\frac{5}{8}'' \times 2\frac{1}{2}''$. **$20**

Winchester. Vertical oval, lithograph. $4\frac{3}{4}''$ $\times$ 3''. **$50**

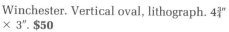
Yanky. Clover. Vertical oval, lithograph. $5\frac{1}{4}'' \times 2\frac{1}{2}''$. **$30**

Yucca. Oval pyramid, lithograph. 5″ × 3″.
$50

Zanol Double Purpose. Vertical oval, lith-
ograph. 6″ × 2¼″. **$12**

Yuñora. Vertical oval, lithograph. 4″ ×
2½″. **$20**